打　敗　疫　情

1年賺1400萬的
肥羊養股術

翁建原◎著

不遮掩的眞實獲利之道

　　我大俠武林，身為一個專業投資人，一直告誡自己，絕對不能成為外面那群，每天吹牛畫唬爛的股市名師。那要如何避免自己變成唬爛詐騙集團呢？很簡單啊！就是從一開始就習慣把證券存摺、股息單、股東會通知書，全部都拿出來就好啦！

　　有些股市名師，明明一開始走的就是投資正路，但為什麼最終把自己的路給走偏，變成唬爛大師呢？我想絕大多數的原因，是突然發現自己只要靠著事後看盤畫唬爛，每天用嘴巴低買高賣，居然就會有粉絲願意相信，並且掏出白花花的銀子，搶著購買訂閱文章和 App，天天唬爛發大財！既然有這麼好賺的事，還不用花自己的錢來冒險炒股，那又何必要實際進場呢？於是漸漸地，這些股市名師就從實際投資人，逐漸轉變成專門寫科幻小說的財經作家。什麼是小說家呢？就是所有低買高賣的對帳單，純粹只出現

在他個人的幻想中，完全沒有真實性可言。

　為何詐騙如此盛行？就是因為有太多人只愛聽好話，而不愛聽難聽的真實建言，也不太會用邏輯分析，來驗證股市名師的言論，是否可以真正拿來股市實戰獲利？所以才導致唬爛名師充斥在市場上，收割那群前仆後繼，不敢質疑嘴砲真實性的粉絲，也只能說這些韭粉被收了「邏輯不通稅」。

　翁醫師（指本書作者肥羊）以真實為樂、揭穿謊言為樂、踢掉粉絲為樂。當別的社團正在發言慶祝，會員人數又突破 10 萬、20 萬、30 萬人的時候，我看就只有翁醫師正大肆地宣布：「他今天又愉快地踢掉多少人。」老實講，我個人對於翁醫師這種作風大為讚賞，畢竟兵不在多而在精，唯有精兵社團的言論，才能讓專業的投資人願意留下發表實戰教學，並且也能讓更多人願意貼出真實的長期持有對帳單、股息單、股票存摺紀錄。唯有這樣的精兵策略，才能讓整個社團邁向不遮遮掩掩的真實獲利之道。

　股票投資世界，不是大學生作文比賽的地方，更不是辯論比賽的地方，這邊是要拿出鈔票的，任何言論都得配上

實戰，才值得拿出來說。你覺得目前股市正處於高點，就別廢話，拿鈔票出來做空；你覺得目前股市正處於低點，就別廢話，拿鈔票出來做多。

　　要知道唯有實際作為，才是投資市場上唯一該做的事情！你都已經分析出趨勢了，那還不趕緊拿真金白銀進場？難道光靠打字、Excel 填一填表格、搞虛擬股息單，就可以在股票市場中賺到錢嗎？還是光靠著偽造的對帳單，2 天後就會有人匯款到你帳戶？確實是有人看到假對帳單，就匯款到唬爛大師的帳戶。可惜你不是被匯款的那一個人，而是匯款給唬爛大師的那個人。你不可能靠假對帳單賺到錢，絕對沒這回事！

　　要知道任何分析都只是分析，唯有實戰、資金進場模式、心理素質才是戰勝股市的條件。該怎麼說呢？就好像人人都說台積電（2330）很好，我自己也知道很好，曾在 200 多元買了 19 張台積電，最後 7 張賣在 639 元，然後轉去買 29 元的兆豐金（2886），以及拿去買房。「炒房、炒股、炒地皮」，這就是人生三大極樂。而上述這些操作，我統統都把對帳單放在 FB 粉絲專頁「大俠武林」中，毫無虛假，而且絕對不是事後才做，都是在當下就直接貼單了。好，

自我吹捧結束，先回到台積電。

　　人人都說台積電很好，但偏偏就有人可以買在 300 元，賣在 320 元？為什麼？因為他心理素質不足，所以不耐股市震盪，等不到最終完整報酬。更爛的還有台積電買 320 元，賣 250 元，人家炒股這麼爛，也是敢自稱「投資大師」。也有人可以在 300 元時不買、400 元時不買、500 元時不買，就偏偏愛買在 679 元！679 元才買也不打緊，你閒錢多，愛買多少就多少，而且搞不好隨便放個數十年，還能打趴一堆「少年韭神」。為何偏偏回檔一下就受不了，直接賣在 550 元呢？這也是心理素質不足。

　　再來說說國巨（2327），人人都說它妖股，避之唯恐不及，但就是有人可以靠它獲利，賺到換豪房，買超跑！所以光靠理論分析，評斷一家公司是關鍵嗎？還是說熟悉股性、資金進場策略、抗壓程度才是最終獲利關鍵呢？當然，各條件都缺一不可，但是光靠理論或者是畫表格，還真的很難真正讓你在股市中，得到白花花的銀子。除非你就是那位只會畫唬爛的股市名師。

　　所以你就知道，為何我們（指大俠武林和肥羊）十分注

重實戰？因為在市場上看來看去，從近幾年數次震盪，例如美中貿易戰、新冠肺炎（COVID-19）疫情恐慌、外資賣超金融股……這幾次事件中，許多人從一開始說好的「10年投資，1張不賣。」卻在恐慌中，立馬變成哭哭啼啼，賣在阿呆谷的人。

光靠嘴巴買股票的人，我在市場上看太多了，唯有翁醫師從頭到尾都一樣，就用同一招，玩出「1年賺1,406.5萬元」的獲利。也千萬別以為我是因為要幫翁醫師寫序，就隨便吹噓他，要知道他本人是拿得出股票實體存摺以及股息單讓你檢視的。

翁醫師講話就是直，但我相信各位讀者都是明白人，絕對沒有任何一個人願意花錢去聽醫師講「你沒病」的好聽話；去看診都是希望醫師能夠立馬講出病情的實情，最好當天就能送進開刀房。都知道預防醫學和盡早治療的道理，難道要等病入膏肓，你才來怪醫師，怎麼不早點講嗎？

因為要幫翁醫師寫序，所以他丟來數萬字的草稿過來叫我看，我認真看完一遍，就寫成這篇推薦序。之後我們還會一起吃飯聊天，可能下篇推薦序就能寫到5萬字了。這

倒也不是大俠文筆好，而是網路上好笑的事情，能寫的可多了。比方說，金融股最後一棒？然後棒？再來棒，接著一路棒棒棒棒棒棒。金融棒了 5 年，還在繼續當最後一棒，金融選手可真是耐操。

《股息 Cover 我每一天》作者

大俠武林

「利益共享」才是真道德

　　2021年，在新冠肺炎（COVID-19）疫情的嚴重打擊下，本肥羊繳出了「獲利1,406.5萬元、投資報酬率50.8%」的亮眼成績單。再次聲明，這是1年，不是一輩子的利潤。本肥羊1年就賺到了許多人一輩子也賺不到的財富，肥羊流派再度以實力，輾壓所有酸言酸語，面對那群財力少本肥羊1個零的窮人，我實在沒打算浪費氣力和他們爭辯。

　　肥羊流派的獲利，一向會附上完整對帳單，作為佐證，請各位務必仔細翻閱本書的對帳單，看看是否有任何作假之處（詳見文末「股市肥羊交易全公開」圖檔）。我的簽書會也會公開股票存摺和銀行存摺，歡迎金融專業人員前來檢查，特別是元大證券的營業員。有實力就禁得起檢驗，請各位盡量查證本肥羊的對帳單是否屬實，不用客氣。

　　在2020年，本肥羊聽到了很多股市名師說：「金融股不

適合存股。」還有人說：「買金融股的都是笨蛋。」但事實上呢？本肥羊的金融操作績效，徹底打趴這群只會吠的股市名師，就像我一貫說的：「90% 的股市名師，都只會成天畫唬爛，連對帳單都沒有，簡直是鬼扯至極點。」請各位以後專心學習肥羊流派就可以，不用再理睬那群股市名師。

花錢訂閱文章，聽那群股市名師，每天靠幻想炒股，世上有這麼蠢的粉絲嗎？本肥羊開辦的 FB 社團「股市肥羊」成立 5 年來，完全不跟粉絲收取任何費用，只有單純推銷書本而已。目前還沒有任何一個粉絲，因為我報的明牌賠錢過。「相信肥羊，財富滿滿」，肥羊流派是你唯一的選擇。

由於最近 FB 規矩日益繁多，禁用字堪比天上繁星，已經至本肥羊無法理解的地步。所以我在「股市爆料同學會」又創了一個帳號，叫做「肥羊」。如果以後 FB 社團「股市肥羊」倒閉，可以過來「股市爆料同學會」找我。我專攻富邦金（2881）、國泰金（2882）和中信金（2891），應該不難在「股市爆料同學會」找到。

「魯國之法，魯人為人臣妾於諸侯、有能贖之者，取其

打敗疫情：一年賺一千四百萬的肥羊養股術

金於府。子貢贖魯人於諸侯，來而讓不取其金。孔子曰：『賜失之矣。自今以往，魯人不贖人矣。取其金則無損於行，不取其金則不復贖人矣。』子路拯溺者，其人拜之以牛，子路受之。孔子曰：『魯人必拯溺者矣。』孔子見之以細，觀化遠也。」──《呂氏春秋·察微》

上面這段話是說，魯國有一條法律，魯國人在國外淪為奴隸，如果有人能把他們贖出來的，回國後就可以到國庫中報銷贖金。有一次，孔子的弟子子貢在國外贖回了一個魯國人，回國後不接收國家賠償金。孔子說：「你做錯了！從今以後，魯國人就不再願意為在外的同胞贖身了。你如果接收了國家的補償金，並不會損害你的行為；而你不肯拿回你抵付的錢，別人就不肯再贖人了。」又有一次，孔子的另一個弟子子路救起一名落水者，那人為了感謝他就送了他一頭牛，子路收下了。孔子說：「這下子魯國人一定會勇於救落水者了。」孔夫子見微知著，洞察人情，實在是了不起。

很多人批評本肥羊不孝順父母、不體貼妻兒、抄襲「網格交易（註1）」、性格狂妄自大。像這種針對別人細微道德缺點的尖銳言論，連絲毫理睬的價值都沒有。我今天只

問各位一句話：「FB 社團『股市肥羊』創團 5 年來，有誰
跟隨本肥羊炒股賠錢的？」沒有，絕對沒有，所有粉絲都
是賺錢的，差別在於賺多賺少而已。獲利超過 100% 的粉
絲，到處可見，每天都有一堆人寫感謝函給我。

　　各位是要追隨本肥羊崇高的仁義道德呢？還是想追隨本
肥羊的炒股操作技巧呢？相信任何有腦袋的人，心中都已
經浮現出答案了。如果你沒有腦袋，就請你繼續吠吧！像
這種資質，本肥羊也沒辦法教導你，自己去找個每天畫唬
爛的股市名師，好好學習吧！也許學習久了，你就順利練
成唬爛神功，從此靠著付費訂閱文章，年年賺千萬，哪裡
還需要學會炒股呢？

　　我這個人呢，最崇尚「利益共享」。今天你花錢買書，
讓我賺到版稅，我贏；書本賣得好，出版社抽得多，出版
社贏；你跟隨我炒股賺到錢，你贏。三方都贏，皆大歡喜。
像那種只想跟隨我炒股賺錢，卻絲毫不肯買書的人，絕對

註1：網格交易是一種量化交易的策略工具，先設定好一個價格區間之
　　後，接著，再利用程式沿著預設的網格自動執行「高價賣出」和
　　「低價買進」的策略，從波動中取得獲利空間。

打敗疫情：一年賺一千四百萬的肥羊養股術

不會是本肥羊的粉絲，我也沒有任何能力，教導這種愛貪小便宜的人。互利互榮，你爽我也爽，這才是為人處世之道；損人利己，你爽我不爽，這種關係絕對維持不下去。

　　過高的道德標準，只會讓人遠離道德。把私人的道德，拿來當作公眾的道德討論，把道德的標準無限制提高，單純讓道德尷尬，讓普通民眾聞道德而色變，進而遠離道德而去！這就是孔子斥責子貢的原因。有功勞就必須收取回報，讓所有人都了解行善是有好處的，大家才會願意行善，這就是孔子讚賞子路的理由。道德其實應該是一個人人都能夠做到的，有利於己，而又有利於人的。這就是真正的道德，共享利益的道德，大家都能賺到錢的道德。

　　大跌小跌何時了？航運知多少？
　　陽明昨夜又跌停，萬海不堪回首套牢中。
　　塞港缺櫃依舊在，只是股價慘。
　　問君能有幾多愁？恰似一艘長榮困運河。

股市肥羊

翁建原

股市肥羊交易全公開

◎股市肥羊的證券存摺1

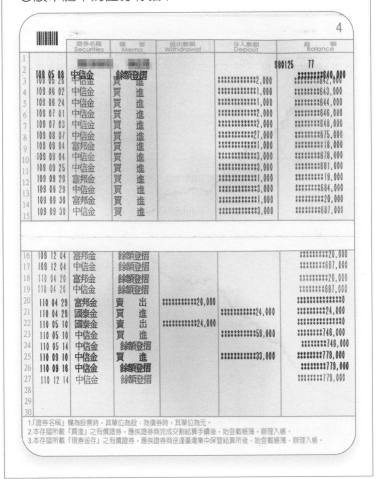

打敗疫情：一年賺一千四百萬的肥羊養股術

股市肥羊交易全公開

◎股市肥羊的證券存摺2-1

		證券名稱 Securities	摘要 Memo	提出數額 Withdrawal	存入數額 Deposit	餘額 Balance
1	承前頁				980124	55
2	108 07 12	中信金	賣　出	*********$125,000		********$520,000
3	108 07 16	中信金	買　進		*********$125,000	********$645,000
4	108 08 02	中信金	買　進		**********$20,000	********$665,000
5	108 08 08	中信金	買　進		**********$25,000	********$690,000
6	108 08 19	中信金	賣　出	**********$10,000		********$680,000
7	108 09 12	中信金	賣　出	**********$10,000		********$670,000
8	108 09 25	中信金	買　進		**********$10,000	********$680,000
9	108 10 16	中信金	賣　出	**********$10,000		********$670,000
10	108 11 04	中信金	賣　出	**********$10,000		********$660,000
11	108 11 06	中信金	餘額登摺			********$660,000
12	108 11 12	中信金	賣　出	**********$10,000		********$650,000
13	108 12 10	富邦金	買　進		**********$20,000	*********$20,000
14	108 12 13	中信金	賣　出	**********$10,000		********$640,000
15	108 12 16	富邦金	買　進		***********$1,000	*********$21,000
16	108 12 26	富邦金	買　進		***********$4,000	*********$25,000
17	109 01 17	富邦金	餘額登摺			*********$25,000
18	109 08 07	富邦金	餘額登摺			********$840,000
19	109 08 07	富邦金	賣　出		**********$15,000	********$840,000
20	109 09 23	中信金	買　進		***********$1,000	********$641,000
21	109 09 24	中信金	買　進		***********$1,000	********$642,000
22	109 10 26	中信金	買　進		***********$2,000	********$644,000
23	109 11 27	富邦金	買　進		***********$1,000	*********$41,000
24	109 11 27	中信金	買　進		***********$3,000	********$647,000
25	109 12 04	富邦金	餘額登摺			*********$41,000
26	109 12 04	中信金	餘額登摺			********$647,000
27	109 12 25	富邦金	買　進		***********$1,000	*********$42,000
28	109 12 25	中信金	買　進		***********$1,000	********$648,000
29	110 01 28	富邦金	買　進		***********$1,000	*********$43,000
30	110 01 28	中信金	買　進		***********$1,000	********$649,000

1. "Securities" unit is based on share for stocks and dollars for bonds.
2. "Buying" will be credited when securities company completes settlement.
3. "Securities deposit" will be credit when securities company completes delivery to TDCC.

日期	股票	別	進出			988124 33
110 02 05	富邦金	買	進		********1,000	*****44,000
110 02 05	中信金	買	進		********1,000	*****850,000
110 02 26	中信金	買	進		********1,000	*****651,000
110 03 08	富邦金	賣	出	********1,000		*****43,000
110 03 09	富邦金	賣	出	********1,000		*****42,000
110 03 11	富邦金	賣	出	********1,000		*****41,000
110 03 12	富邦金	買	進		*******1,000	*****42,000
110 03 12	中信金	買	進		*******1,000	*****652,000
110 03 24	富邦金	買	進		*****139,000	*****181,000
110 03 24	中信金	賣	出	******351,000		*****301,000
110 03 29	富邦金	賣	出	********1,000		*****180,000
110 03 29	中信金	賣	出	********2,000		*****299,000
110 04 01	富邦金	賣	出	********1,000		*****179,000
110 04 15	富邦金	賣	出	********1,000		*****178,000
110 04 15	中信金	賣	出	********2,000		*****297,000
110 04 16	富邦金	賣	出	*******20,000		*****158,000
110 04 16	國泰金	買	進		*******29,000	*****29,000
110 04 19	富邦金	賣	出	********1,000		*****157,000
110 04 19	國泰金	賣	出	********1,000		*****28,000
110 04 19	中信金	賣	出	********5,000		*****292,000
110 04 20	富邦金	餘額登摺				*****157,000
110 04 20	國泰金	餘額登摺				*****28,000
110 04 20	中信金	餘額登摺				*****292,000
110 04 22	中信金	賣	出	********5,000		*****287,000
110 04 26	富邦金	賣	出	********3,000		*****154,000
110 04 29	國泰金	買	進		*******50,000	*****78,000
110 04 29	中信金	賣	出	******106,000		*****181,000
110 05 03	富邦金	賣	出	*******54,000		*****100,000
110 05 03	國泰金	買	進		*******70,000	*****148,000

017

◎股市肥羊的證券存摺2-2

						980124	33
110 05 04	富邦金	買 進			***********1,000		********101,000
110 05 04	國泰金	買 進			***********1,000		********149,000
110 05 04	中信金	買 進			***********5,000		********186,000
110 05 07	富邦金	餘額登摺					********101,000
110 05 07	國泰金	餘額登摺					********149,000
110 05 07	中信金	餘額登摺					********186,000
110 05 10	富邦金	賣 出	***********10,000				********91,000
110 05 10	國泰金	賣 出	***********29,000				********120,000
110 05 10	中信金	買 進			**********103,000		********288,000
110 05 11	富邦金	賣 出	***********91,000				***********0
110 05 11	國泰金	買 進			***********80,000		********200,000
110 05 11	中信金	買 進			**********100,000		********389,000
110 05 13	國泰金	買 進			***********1,000		********201,000
110 05 13	中信金	買 進			***********2,000		********391,000
110 05 14	國泰金	餘額登摺					*******201,000
110 05 14	中信金	餘額登摺					*******391,000
110 06 18	國泰金	買 進			***********1,000		*******202,000
110 06 18	中信金	買 進			***********2,000		*******393,000
110 07 22	國泰金	買 進			***********1,000		*******203,000
110 07 23	國泰金	買 進			***********1,000		*******204,000
110 08 02	中信金	買 進			***********2,000		*******395,000
110 08 23	國泰金	買 進			***********5,000		*******209,000
110 08 23	中信金	買 進			***********10,000		*******405,000
110 09 10	國泰金	買 進			***********11,000		*******220,000
110 09 16	國泰金	餘額登摺					*******220,000
110 09 16	中信金	餘額登摺					*******405,000
110 10 01	國泰金	買 進			***********1,000		*******221,000
110 10 21	國泰金	餘額登摺					*******221,000
110 10 21	中信金	餘額登摺					*******405,000

```
                                                        3
                                         980124  33
110 11 29  富邦金    買   進         ***********1,000      ***********1,000
110 12 09  富邦金    買   進         **********62,000     **********63,000
110 12 09  中信金    賣   出   *********184,000          *********221,000
110 12 14  富邦金    餘額登摺                            **********63,000
110 12 14  國泰金    餘額登摺                            *********221,000
110 12 14  中信金    餘額登摺                            *********221,000
```

打敗疫情：一年賺一千四百萬的肥羊養股術

基本篇》從挑股、操作、賣出
完整實踐肥羊炒股術

小蝶：「肥羊，恭喜你在2021年5月賣光富邦金（2881），
賺了403萬元（實際獲利是403.1萬元，這裡簡化說明）。」

肥羊：「我要把這403萬元獲利存起來，以後再買進
403萬元的富邦金，貫徹『零成本』的炒股生活。」

小蝶：「你這樣算帳，違反會計原則，你必須先提列403
萬元的富邦金獲利，然後再編列403萬元的富邦金成本。」

肥羊：「為啥不能把賺到的403萬元利潤，和403萬元
的成本直接抵銷，這樣不是剛好零成本嗎（403萬元－403
萬元＝0）？」

小蝶：「賺是過去已經賺的，成本是未來編列的成本，
你不能用過去的獲利，來抵銷未來的成本，這樣違反會計
原則。」

肥羊：「詭異，難道我習慣早上吃4根香蕉，晚上吃3根香蕉，就不能改成早上吃3根香蕉，晚上吃4根香蕉嗎？朝三暮四和朝四暮三，不是一個樣嗎（3＋4＝4＋3）？」

小蝶：「不一樣，朝三暮四和朝四暮三，兩者的先後順序不一樣，你根本就沒有時間先後順序概念。我聽說你怕國泰金（2882）成本太高會賠錢，直接把51萬元的國泰金現金股利當作成本扣掉，這樣也是違反會計原則。你的51萬元國泰金現金股利必須提列為獲利，不能當作成本扣除，這樣才符合會計原則。」

肥羊：「可以請問一下，我為啥要符合會計原則呢？」

小蝶：「所有公司行號都是用會計原則算帳，這樣算出來的帳才會精準。」

肥羊：「請問你說的所有公司，包含做假帳的那幾家KY公司嗎？我是個人炒股，又不是拿公司的錢炒股，我只要知道自己的鈔票有沒有變多就可以了，又何必管啥會計原則呢？」

小蝶：「公司要做假帳，會計師能怎樣呢？你身為股市名師，要做所有人的表率，帳不能隨便亂算。」

肥羊：「所以你認為KY公司依照會計原則做假帳沒關係，而我確實獲利403萬元，卻不能拿來扣除富邦金成本？難道會計原則比對方是不是有做假帳更重要嗎？」

打敗疫情：一年賺一千四百萬的肥羊養股術

小蝶：「不依照會計原則，做假帳的公司會更多。」

肥羊：「問題是我沒做假帳啊！我富邦金確實有獲利 403 萬元，我為啥一定要照著會計原則來算帳呢？先後順序對調一下有差嗎？我要的是炒股賺錢，不是會計原則。會計原則當真這麼屬害，每個會計師都靠炒股發大財了，還需要上班當會計師嗎？」

每次都這樣，只要一提到算帳，就會有一堆會計系學生和會計師跳出來，然後硬要逼別人照著會計原則算帳。但他們似乎忘了，這裡是股市，不是他家開的會計師事務所。炒股要的是賺錢，不是啥會計原則。

別跟我說會計原則可以拿來算財報，肥羊派炒股沒在看那疊厚得要死的財報，會看到我視網膜剝離，不值得啊！如果你還是堅持會計師是對的，本肥羊的帳是錯的，就麻煩你趁早找個正確的會計師，好好學習炒股，別再跟隨錯誤的肥羊，學習詭異思想了。

每次看到 FB 社團「股市肥羊」的團員，在外面的社團討

論短線投機的美好時（他們不敢在本社團討論短線投機，因為會被踢，團員以為我不知道他們搞短線投機，其實我都知道，只是不說而已），我都在想，短線投機那麼美好，你又何必待在長期投資社團呢？當短線投機者寧願待在長期投資社團時，就已經充分說明了一件事情，短線投機很爛，所以他們才不願意離開長期投資社團。嘴巴嫌長期投資不好，但身體倒是不由自主地，往長期投資社團靠攏。「口嫌體正直（註1）」啊！

　　為求省事，我盡可能把所有操作技巧放在 Chapter 1，方便各位讀者翻閱。炒股靠的不只是技巧，還有資金、心態也很重要。「一分技巧，三分資金，六分心態。」這是對於炒股的認知，本書也是依照這個比例在描寫，著重在心態的描述，輕忽炒股的技巧。至於資金的話，我沒辦法替你生出錢來，只能勸你刻薄家人，來增加自己手上的財力。「刻薄成家，古有明訓」。如果這樣讓你不滿，趁早滾吧！反正我料定你不可能成為肥羊流的子弟兵，沒啥好說的。

註1：日文為「口が嫌だと言っても、體は正直なものだ」。意思是嘴上說不要，身體反應倒是很誠實嘛！

「那想發財人家，你道他們如何打算？說來倒也好笑，他因所吃之物，到了腹中隨即通過，名雖是糞，仍入腹內並不停留，尚未腐臭，所以仍將此糞好好收存，以備僕婢下頓之用。日日如此，再將各事極力刻薄，如何不富！」──《鏡花緣》第14回，無腸國

這裡面清楚描述到，人如果想要發財，就必須把自己的糞便，留給僕人吃，清楚描述富人對待奴僕的刻薄態度。今天各位之所以無法有錢，最主要原因就是你為人不夠刻薄，對待家人太好了。看你要不要好好檢討自己的爛好人態度，否則資金問題，終身無解。

小雅：「小美，聽說妳私底下和肥羊很熟，妳知道他為啥那麼有錢嗎？」

小美：「肥羊之所以能夠如此有錢，原因有3：1. 他是醫師，工作收入打趴90%的人。2. 他父母早死，老婆家有錢，雖然沒有分到財產，但岳父岳母不需要他扶養，根本不用浪費錢照顧老人。3. 他為人處事夠狠，動不動就切斷家人生活費，導致家裡沒人敢反抗他的專制獨裁。」

小雅：「照妳的說法，只要任何人擁有這3大要素，都可以跟肥羊一樣有錢嗎？」

小美：「沒錯，他不是靠炒股發財的，而是靠善於經營管理發財。」

工作賺錢、刻薄家人賺錢和炒股賺錢，一樣都是賺錢。賺錢不分貴賤，為啥一定要從股市中賺到錢呢？從工作和刻薄家人中賺到錢，不行嗎？

肥羊流派主張全方位地賺到錢，絕對不只從炒股賺錢而已。股神巴菲特（Warren Buffett）之所以能夠炒股賺到錢，是因為他爸是美國參議員。主力之所以能夠炒股賺到錢，是因為主力家本來就有錢，還每天跟一群董事長打滾，努力探聽內線消息。許多股市名師能夠賺到錢，是因為他光靠訂閱文章，就年收入千萬元。自古英雄豪傑，沒有任何人是光靠炒股就能賺到大錢，至少我沒有看過。

我們要學習有錢人的全方位理財概念，或者是窮人只靠炒股發財的幻想，一切的決定，就看你自己。富人之所以

打敗疫情：一年賺一千四百萬的肥羊養股術

能夠富裕，是因為他的思想富裕；窮人之所以如此貧窮，是因為他的思想貧窮。富裕或是貧窮，最關鍵的原因在於你，不在於我，也不在於炒股。

挑股》5步驟篩出可以炒的股票

當然，我相信還是有許多人心腸不夠狠，無法像我一樣，靠工作和刻薄家人賺到錢，所以還是討論一下，該如何透過炒股賺錢。下面就來介紹我的肥羊炒股術，步驟有5個：

步驟1》從元大台灣50中挑選成分股

我們借用元大投信的智慧，直接從元大台灣50（0050）的成分股中挑選股票。「能夠讓別人辦事，自己就絕對不動手」，這是本肥羊多年來的信念，也是我身為主治醫師，長年指揮小護士做事的習慣。別再問本肥羊的推薦清單裡面，為何沒有你持有的小公司？有意見去跟元大抗議啦！

0050的50檔股票如下（註2）：

台積電（2330）、聯發科（2454）、鴻海（2317）、聯電（2303）、富邦金（2881）、台達電（2308）、

台塑（1301）、國泰金（2882）、南亞（1303）、中信金（2891）、中華電（2412）、中鋼（2002）、兆豐金（2886）、長榮（2603）、玉山金（2884）、日月光投控（3711）、統一（1216）、中租-KY（5871）、元大金（2885）、聯詠（3034）、台化（1326）、矽力-KY（6415）、華碩（2357）、瑞昱（2379）、台泥（1101）、第一金（2892）、合庫金（5880）、廣達（2382）、萬海（2615）、大立光（3008）、國巨（2327）、華南金（2880）、台新金（2887）、陽明（2609）、和泰車（2207）、友達（2409）、台灣大（3045）、研華（2395）、上海商銀（5876）、統一超（2912）、亞德客-KY（1590）、和碩（4938）、台塑化（6505）、南電（8046）、遠東新（1402）、彰銀（2801）、遠傳（4904）、富邦媒（8454）、豐泰（9910）和南亞科（2408）。

步驟2》淘汰科技股、上市不到5年公司和KY股

找出0050的成分股之後，下一步就是淘汰「電子股、

註2：取自2021年12月0050的成分股。0050的成分股變動雖然不大，但仍會定期微幅調整。

高科技股、上市不到 5 年的公司和 KY 股」，得到：

富邦金、台塑、國泰金、南亞、中信金、中華電、中鋼、
兆豐金、長榮、玉山金、統一、元大金、台化、第一金、
台泥、合庫金、萬海、陽明、華南金、台新金、和泰車、
台灣大、統一超、上海商銀、台塑化、遠東新、彰銀、遠傳、
豐泰。

淘汰電子股和高科技股，是因為它們的獲利不穩定，看
友達老是賺賺賠賠就知道，炒股應該是精密的計算，而不
是每天在那邊賭公司的賺賠。

淘汰上市不到 5 年的公司，是因為無法預知公司的未來，
肥羊流派從不參加新上市公司股票的抽籤。

淘汰 KY 股，是因為 KY 股三不五時就倒閉，像是英瑞-KY
（1592），就在 2022 年 1 月 27 日終止上市。本肥羊
流派「偏執」的認為，所有 KY 股都是垃圾。

步驟3》淘汰基本面表現不佳的公司
淘汰電子股、高科技股、上市不到 5 年公司和 KY 股以

後還不夠，還必須進一步淘汰「現金殖利率低於 4%、本益比高於 15 倍（註 3）、稅後盈餘下降超過 20% 和 5 年內出現虧損或幾乎虧損」的公司，得到：富邦金、國泰金、中信金、元大金、台泥。

淘汰現金殖利率低於 4% 的公司，是因為這種公司一旦股價崩潰後，難以靠現金股利回本。假設有人在 2021 年 7 月 6 日，用收盤價 224 元買長榮，當時的現金殖利率為 1.11%（＝現金股利 2.49 元 ÷ 股價 224 元 × 100%），之後長榮一路下跌到 2021 年 12 月 2 日的收盤價 133 元，若加計中間長榮配發的現金股利 2.49 元，等於下跌 88.51 元（＝ 133 元＋ 2.49 元－ 224 元）。假設長榮之後每年的現金股利皆為 2.49 元，這個人必須領 36 年（＝ 88.51 元 ÷ 2.49 元，採無條件進位法）的長榮現金股利才能回本，天知道長榮能不能撐到 2057 年？

淘汰本益比高於 15 倍的公司，是因為這種公司的股價不合理。例如台積電就是本益比太高，以至於整個 2021 年

註3：現金殖利率＝現金股利÷股價×100%；本益比＝股價÷每股稅後盈餘（EPS）。

度都沒有好表現。2021 年 12 月 2 日，台積電的收盤價 615 元，假設 2021 年度台積電的 EPS 為 22 元，預估本益比為 27.95 倍（＝ 615 元 ÷ 22 元）。過高的本益比不是不合理，只是股價難以上漲，而且容易套牢。在此哀悼 2021 年 1 月 21 日，買在台積電收盤價 673 元的可憐人，愛爬山攻頂的人，往往會腳麻，無法爬下山。

淘汰稅後盈餘下降超過 20% 的公司，是因為這種公司經營狀況出問題。像是 DRAM 模組廠品安（8088），2021 年前 3 季稅後淨利累計衰退 66.7%，就是一家明顯有問題的公司。

淘汰 5 年內出現虧損或幾乎虧損的公司，是因為這種公司根本就不能買，比如說經營台灣本土最大健身品牌「健身工廠」的柏文（8462），2021 年前 3 季 EPS 累計虧損 3.43 元，買這家公司的人真是衰爆了

步驟4》加回遭受災難打擊的股票
利用步驟 2、步驟 3 淘汰掉壞股票以後，還必須把誤殺的股票撿回來。但要注意的是，能夠被撈回的股票必須符合下述 3 個定義：

①公司遭受的災難必須是全面性的：比如說崩盤，造成銀行呆帳大幅度增加。

②公司遭受的災難必須是可回復性的：也就是公司不會因為這一次的災難而垮掉，其實只要公司規模夠大，就不會垮掉。

③公司必須是有競爭力的：別人都沒啥損失，就你公司賠最多錢，就不行了。

記住一件事情，我們是挑選小災難，而不是大災難。永遠不要挑家經營有問題的公司，來長期投資。就目前0050 的成分股來看，沒有任何一檔股票符合災難選股的標準。

步驟5》針對本益比與稅後盈餘比較剩下的股票

利用上述 4 個步驟將股票挑選出來以後，本肥羊會再針對這些股票的本益比和稅後盈餘做比較。

我將本益比在 15 倍以下的股票分成 4 種評價：SSS、SS、S 和 A。本益比 15.01 倍以上的股票因為太貴了，所

打敗疫情：一年賺一千四百萬的肥羊養股術

本益比愈低，股票評價愈高
表1 ——肥羊派股票本益比的評價分類

本益比（倍）	評價	建議
8.00以下	SSS	投入總資金的100%
8.01～10.00	SS	投入總資金的50%
10.01～12.00	S	投入總資金的30%
12.01～15.00	A	投入總資金的10%
15.00以上	無評價	先觀望，暫時不投入資金

註：「建議」一欄中的資金計算，是指「1檔」股票的投入金額比率。如果小蝶買了1檔評價SS的股票，1檔評價S的股票，1檔評價A的股票，建議投入資金就是90%（＝50%＋30%＋10%）。本流派不鼓勵借錢投資，如果你一定要借錢投資股票，建議至少要等大盤下跌超過30%，以1萬7,700點計算，就是指大盤跌破1萬2,390點（＝1萬7,700×（1－30%）），再借錢投資。千萬不要平時沒事，就跑去借錢投資股票。無論如何，本肥羊是反對借錢投資股票的

以無評價（詳見表1）。基本上，本益比愈低，評價愈高。除了本益比之外，還要參考稅後盈餘。若公司的稅後盈餘比去年增加，則在評價後面加上「＋」；若公司的稅後盈餘比去年減少，則在評價後面加上「－」。

　　將選股步驟4最後留下的股票進行評價以後，目前（2021年12月）看來，國泰金和富邦金的評價最高，

表2

國泰金和富邦金表現最好，評價為SS+
——肥羊派股票本益比＋稅後盈餘的評價分類

股票（股號）	評價	可購買價格（元）	建議投入資金
國泰金（2882）	SS+	90以內	50%
富邦金（2881）	SS+	100以內	50%
中信金（2891）	S+	32以內	30%
元大金（2885）	S+	30以內	30%
台　泥（1101）	A−	50以內	10%

註：1.評價分類方式詳見表1說明；2.「評價」一欄中的「＋」表示公司稅後盈餘比去年增加，「−」表示公司稅後盈餘比去年減少

達 SS＋（詳見表 2）。

　　表 2 的「可購買價格」，是本肥羊認為買下去，20 年後不會賠錢的價格。如果你在 2022 年，用 100 元買了富邦金後，2023 年賠錢，純屬正常現象，不用擔心，請耐心等候至 2042 年，就會賺錢了。如果中信金股價上漲至 30 元，因為低於可購買價格 32 元，就是可以購買。中信金不只 30 元可以購買，29 元、28 元，也都可以購買。只要在 32 元以下，統統都可以購買，但是買了會賠錢。請不要再問幼兒園的數學問題了，謝謝合作。

打敗疫情：一年賺一千四百萬的肥羊養股術

買進策略》依肥羊派波浪理論、虧損理論操作

上面講的都是理論，我們再來談談實際操作，我們以第3本書《崩盤照買的股市肥羊心理學》中的小蝶為例，來繼續操作。

不以我自己為例，是因為太多人批評我中信金成本太低，才 15.95 元而已，當然怎麼操作都會賺錢。其實我富邦金 2021 年 3 月 24 日才買進 139 張，成本 762 萬元，加上先前擁有的 62 張富邦金，總計 201 張，總投資金額 1,026 萬元，最後也是獲利 403.1 萬元出場啊！怎麼都沒人批評我的富邦金操作呢？

不過不管怎樣，既然太多人認為我的操盤情況，不適用於散戶，我就自己創造出一個虛擬人物——小蝶。小蝶不只炒股會賺錢而已，她如果成本低於市價太多，還會自己將一部分獲利打入盈餘，刻意拉高成本，盡可能貼近散戶的實際成本，這樣總行了吧？

股票操作必須貼近於現實，絕不能每天吹噓自己炒股賺幾千萬，卻連對帳單都拿不出來，這就是肥羊流派的堅持。

小蝶在 2020 年底，擁有中信金 120 張，成本 18.95 元，總成本 227 萬 4,250 元（註 4），並依照「標準型肥羊派波浪理論」和「虧損理論」進行操作。

標準型肥羊派波浪理論》漲跌5%，買賣5%股數

按照標準型肥羊派波浪理論：「股價每上漲 5%，賣出 5% 股票數量；股價每下跌 5%，買進 5% 股票數量。」以成本 18.95 元，計算 5%，間隔為 0.95 元（＝ 18.95 元 ×5%，採無條件進位法計算，下同）。

算出間隔以後，目標股價調整如下：第 1 次往上以 0.95 元為級距，往下以 0.90 元為級距；第 2 次往上以 1.0 元為級距，往下以 0.90 元為級距；第 3 次往上以 1.05 元為級距，往下以 0.90 元為級距（詳見表 3）。這是依據很複雜的等比級數算出來，下文有簡單版的等差級數，適合數學不好的人。

理論上，小蝶的交易間隔應該是如表 3 所示，每次買

註4：詳細資訊請翻閱第3本書《崩盤照買的股市肥羊心理學》第40 ～41頁。

打敗疫情：一年賺一千四百萬的肥羊養股術

賣的股票數不同，每次買賣的價位間隔也不同。可以看得出來，按照標準理論的等比級數來進行計算，算式非常複雜而且麻煩。但為求簡化，我們以 1 元為間隔，也就是 21.95 元、20.95 元、19.95 元、18.95 元、17.95 元、16.95 元作為交易點。跌破交易點就買，漲破交易點就賣，每次交易股票張數為 6 張。這不是最正確的波浪理論，但至少很方便計算（註 5）。

虧損理論》虧損＞10%，每月額外買10%股票數量

　　按照虧損理論：「凡是成本價虧損超過 10%，每月額外購買 10% 股票數量（註 6）。」小蝶的成本 18.95 元，虧損超過 10%，約是 17.10 元（＝ 18.95 元 ×（1 － 10%）），每次買進 12 張（＝ 120 張 ×10%）。

　　17.10 元是虧損理論的交易點，16.95 元是標準型肥

註5：如果你數學很好，想要精準地去計算5%是多少，也可以。並不是我說交易點18.95元，你就一定要抓18.95元，這只是個參考點而已。

註6：雖然先前的書上是說「凡是成本價虧損超過10%，每個月額外購買5%股票數量」，但我覺得5%股票數量的投入金額少了點，還是應該調整成10%適當。當然這只是個投入資金比率的原則，你想買5%也沒差啦！

若股價為16.25元，需買進6615股
表3 ——標準型肥羊派波浪理論不同價格的買賣股數

目標股價（元）	買／賣股數	買／賣股數算法
21.95	賣出5,415股	＝120張 × 每張1,000股×95%×95%×5%
20.90	賣出5,700股	＝120張 × 每張1,000股×95%×5%
19.90	賣出6,000股	＝120張×每張1,000股×5%
18.95	成本價，不買賣	
18.05	買進6,000股	＝120張×每張1,000股×5%
17.15	買進6,300股	＝120張 × 每張1,000股×105%×5%
16.25	買進6,615股	＝120張 × 每張1,000股×105%×105%×5%

註：1.目標股價第1次往上以0.95元為級距，往下以0.90元為級距；第2次往上以1.0元為級距，往下以0.90元為級距；第3次往上以1.05元為級距，往下以0.90元為級距。2.買／賣股數算法的95%＝1－5%；105%＝1＋5%。3.採無條件進位法計算

羊派波浪理論的交易點，為求簡化，我們將虧損理論和標準型肥羊派波浪理論的交易點調整為一致，也就是16.95元。由於中信金的股價在2021年大漲，因此小蝶沒有任何機會使用虧損理論。

實際操作時，小蝶所有的交易點將一律抓收盤價。所以別問我都收盤了，要怎麼交易，這只是個參考數字而已。為求簡化數字，以下計算一律不包含手續費、證交稅、二代健保補充保費和所得稅。小蝶的實際交易點如表 4 所示。

2021 年 12 月 7 日時，小蝶還有中信金 66 張，成本 17.9 元，不過以 2021 年 12 月 7 日中信金收盤價 26 元計算，已經偏差了 8.1 元（＝ 26 元－ 17.9 元），獲利 45.25%（＝ 8.1 元÷17.9 元×100%）。

考慮到小蝶的成本已經嚴重偏離市價，繼續操作中信金下去，無法成為散戶的範本，因此將手中剩餘持股全數以 26 元出清，價差 8.1 元（＝ 26 元－ 17.9 元），收回 171 萬 6,000 元（＝ 26 元×66 張× 每張 1,000 股），獲利 53 萬 4,600 元（＝ 8.1 元×66 張× 每張 1,000 股）。

從表 4 和前述的資訊來看，小蝶在 2021 年的交易如下：

①合計買進中信金 12 張，共花費 26 萬 3,400 元（＝ 13 萬 4,100 元＋ 12 萬 9,300 元）。

表4 若持有120張股票，股價漲5%即賣掉6張
——標準型肥羊派波浪理論與虧損理論

假設小蝶在 2020 年年底，擁有中信金 120 張，成本 18.95 元，總成本 227 萬 4,250 元，並依照「標準型肥羊派波浪理論」和「虧損理論」進行操作：

時間	股價（元）	依循理論	買／賣張數（張）	花費／收回金額（元）
2021.01.08	20.00	波浪理論	賣出6	收回12萬
2021.03.09	21.10	波浪理論	賣出6	收回12萬6,600
2021.03.29	22.00	波浪理論	賣出6	收回13萬2,000
2021.04.26	23.10	波浪理論	賣出6	收回13萬8,600
2021.05.10	23.95	波浪理論	賣出6	收回14萬3,700
2021.05.12	22.35	波浪理論	買進6	花費13萬4,100
2021.05.17	21.55	波浪理論	買進6	花費12萬9,300
2021.05.18	22.50	波浪理論	賣出6	收回13萬5,000
2021.05.26	23.00	波浪理論	賣出6	收回13萬8,000
2021.08.16	除息日，現有股票90張，中信金配發現金股利1.05元，可獲得現金股利9萬4,500元，交易點調整為26.9元、25.9元、24.9元、23.9元、22.9元、21.9元			
2021.08.31	23.00	波浪理論	賣出6	收回13萬8,000
2021.11.15	24.00	波浪理論	賣出6	收回14萬4,000
2021.11.25	24.95	波浪理論	賣出6	收回14萬9,700
2021.12.07	26.00	波浪理論	賣出6	收回15萬6,000

註：1.花費／收回金額不含交易成本；2.賣出價格必須高於成本

打敗疫情：一年賺一千四百萬的肥羊養股術

②合計賣出中信金 132 張，共收回 323 萬 7,600 元
（＝ 12 萬元＋ 12 萬 6,600 元＋ 13 萬 2,000 元＋ 13
萬 8,600 元＋ 14 萬 3,700 元＋ 13 萬 5,000 元＋ 13
萬 8,000 元＋ 13 萬 8,000 元＋ 14 萬 4,000 元＋ 14
萬 9,700 元＋ 15 萬 6,000 元＋ 171 萬 6,000 元）。

③現金股利 9 萬 4,500 元。

以小蝶 2021 年年初原有中信金股票 120 張，原有總成
本 227 萬 4,250 元來看，2021 年她利用標準型肥羊派
波浪理論總共獲利 79 萬 4,450 元（＝ 323 萬 7,600 元
＋ 9 萬 4,500 元－ 26 萬 3,400 元－ 227 萬 4,250 元），
投資報酬率 34.93%（＝ 79 萬 4,450 元÷227 萬 4,250
元 ×100%），這獲利已經比小蝶工作一整年的薪水要來
得高。

很多人聽到長期投資，就覺得獲利很糟糕，要短線投機才
賺得多。其實小蝶長期投資的獲利非常驚人（34.93%），
這不是那些賺便當錢的短線投機者所能理解。看那些短線
投機者，炒股炒了那麼多年，卻依舊非常貧窮，就知道搞
短線投機的人，根本賺不到錢。由於之後股票操作會由我

兒子接手，他只搞定期定額，所以下一本書我將會替小蝶換新的股票操作手法，也就是定期定額。

賣出時機》公司持續2年全年虧損才需賣股

談完操作策略，接著來談賣出時機。我們以「兆豐金被英業達（2356）子公司英穩達倒帳6億元」為例，你如果因為這則新聞看兆豐金不爽，你真的想賣股票，那你至少要等新聞爆發3個月後才能賣。這則新聞是2021年12月2日出現，所以你至少要到2022年3月2日，才可以賣掉兆豐金。也就是説，從你想賣股票開始，到實際賣股票為止，必須思考3個月以上。這是為了避免你在情緒激動的情況下，做出錯誤的決定。

永遠記住一件事情，你是因為「自己判斷」這家公司爛，才賣股票。絕對不是因為「別人説」這家公司爛，才賣股票。你不聽股市名師的意見，自然也不會參考新聞的評論，這些人的想法全部都是垃圾。炒股者必須堅持自己的看法，即使自己的看法是錯的。

永遠不要急著去採取「正確」的行動，你的「正確」，

打敗疫情：一年賺一千四百萬的肥羊養股術

將會是你最大的「錯誤」。緩一點，慢一點，不管是多麼緊急的事情，先看場電影再來說。不管公司虧損的新聞，鬧得有多大，公司就是已經虧損了。你行動快一點，公司還是虧損，不如慢慢來就好。盯著盤看，又立刻買賣股票，小心你的視網膜又剝離了。搞當沖搞到自己視網膜剝離，這樣的人生也實在是很悲哀，沒有任何財富能夠取代身體的健康，人就應該悠閒又緩慢地活著。

　　當然你可能有各種原因想賣股票，比如說：你嫌兆豐金老是踩到呆帳，想要轉成呆帳比較少的中信金，這些都是你私人的決定，本肥羊不予以干涉。但單就兆豐金這家公司來說，是不需要賣的，只要是賺錢的大公司，就有長期投資的價值。

　　爛公司其實是好公司，大規模衰退的公司，也會是大規模成長的公司。萬物相生相剋，光明與黑暗，缺一不可。因此本肥羊不鼓勵大家隨便亂賣股票，一定要「證明」這家公司真的很爛，連續虧損 2 年，才可以賣。當然，如果你真的想賣，本肥羊也是不會去阻止的。

　　所謂的「災難選股」，其實就是從爛公司中，挑出好公司。

當然太爛的公司，我們也是不要的。這世上有很多的公司，被別人當成「大便」般拋棄。肥羊流派的做法則是，把別人丟棄的「大便」，撿回家當成「寶物」來供奉。因此肥羊流派很容易遭到別人批評，只有把「大便」當成「寶物」來看待，才是真正的「人棄我取」。還會在意別人的譏笑，就證明你不是真正的肥羊子弟兵。

我們肥羊流派所有的評價都是以「年」來作為單位計算，一旦評價後，無論任何外力發生，都「不可能」更改評價。舉先前評價 SS ＋的富邦金為例：假設 2022 年富邦金的客戶倒了，造成富邦金第 1 季虧損 100 億元，這是很嚴重的打擊喔！這樣會影響到富邦金 SS ＋的評價嗎？正確答案是「不會」。

2022 年的富邦金評價永遠都會是 SS ＋，無論是爆發海峽戰爭，還是富邦金倒閉，2022 年富邦金的評價，永遠都是 SS ＋。要到 2023 年才會修改富邦金的評價。再說，富邦金 2022 年第 1 季虧損 100 億元也不是年度虧損，要全年虧損才算虧損。如果富邦金在之後的 3 季賺了 800 億元，我們還是認定富邦金 2022 年度獲利 700 億元，是家非常優秀的公司，將在 2023 年度繼續推薦富邦金。

打敗疫情： **一年賺一千四百萬的肥羊養股術**

本肥羊不鼓勵大家隨便亂賣股票，一定要「證明」這家公司真的很爛，連續虧損 2 年，才可以賣。炒股者最常犯的毛病是，採取的行動太多了，多到既繁瑣，又沒效率。還不如乾脆別採取任何行動，回家躺著睡覺。

這也是我很反對短線投機的原因，每天交易來交易去，我就不相信，你的每一筆交易決策都正確。如果你真的那麼神，每一筆短線交易決策都正確，那為何你家裡沒有錢呢？嘴巴說得一口好股票沒用，掏得出鈔票才有用。

「標準型」肥羊派波浪理論需要的張數是 20 張。最近由於零股交易的興起，如果你以 0.5 張（編按：也就是 500 股）為交易單位，可以將需求張數下壓至 10 張。通常我們不會鼓勵人們以 0.5 張來進行交易，但考慮到很多人薪水不高，30 萬元可能就是他奮鬥 4 年的結果。

在這種情況下，可以試著用 0.5 張來進行交易。家裡比較有錢的人，盡量還是以 1 張為單位來進行交易。肥羊派波浪理論最大的優點，就是可以玩玩短線投機，培養一點手感。而且在股票大漲時，賣掉股票，也可以減輕自己的心理壓力。

存股策略》定期定額，每月買1次即可

目前我已經從股市退休，改由我兒子操盤，我兒子不喜歡搞肥羊派波浪理論，他認為這玩意太過複雜，之後將會改為定期定額買進股票。也就是單純只買不賣，每個月挑個好日子買進（通常是發薪日），剩下統統都不管。

本肥羊認為，如果你想採用存股的手法買股票，1個月買1次就可以了。以後我也只介紹「標準型」肥羊派波浪理論而已，至於其他各種「變形」的肥羊派波浪理論，將不再介紹。畢竟翁家沒在搞的東西，不方便介紹太多，會有吹噓畫唬爛的嫌疑。

我兒子改為定期定額買進股票之後，就不會再賣股票了，以現金股利170萬元來說，就是170萬元繼續投資股票。拿股票的現金股利來炒股票，生活就是如此輕鬆愉快。

等我從醫師崗位退休之後，就是將一半的現金股利拿來炒作股票，一半的現金股利作為生活開銷。以現金股利170萬元來說，就是85萬元繼續投資股票，85萬元拿來作為生活開銷，用現金股利照顧你的退休生活。

打敗疫情：一年賺一千四百萬的肥羊養股術

我 2021 年的操作績效如下：

1. 中信金：從 2021 年 1 月 4 日的收盤價 19.55 元，上漲至 2021 年 12 月 21 日的收盤價 25.65 元，現金股利 1.05 元，還原權息為 26.7 元（＝ 25.65 元＋ 1.05 元），上漲 7.15 元（＝ 26.7 元－ 19.55 元），我有 1,000 張，依照我的直覺操作後，獲利 825.8 萬元。

2. 國泰金：成本 51.95 元，以 2021 年 12 月 21 日的收盤價 60.3 元計算，價差 8.35 元（＝ 60.3 元－ 51.95 元），我有 221 張，獲利 184.5 萬元（＝ 8.35 元 ×221 張 × 每張 1,000 股）。

3. 富邦金：5 月賣光，淨賺 403.1 萬元，之後又買進 63 張，成本 75.9 元，以市價 74.8 元計算，虧損 6.9 萬元，總獲利修正為 396.2 萬元。

合計 2021 年炒股獲利 1,406.5 萬元（＝ 825.8 萬元＋ 184.5 萬元＋ 396.2 萬元）。

長期投資輕輕鬆鬆獲利 1,406.5 萬元，這不是那些每天

沖來沖去的短線投機者，所能夠想像的巨大利潤。我跟兒子說：「像你這種沒什麼才幹的年輕人，1 年頂多賺 40 萬元，爸爸輕輕鬆鬆就賺到你 36 年的收入（＝ 1,406.5 萬元 ÷40 萬元，採無條件進位法）。你以後不用上班，乖乖待在家裡，孝順爸爸、掃地、遛狗、做點家事就可以了。」

真正的財務自由，絕對不是自己爽爽過日子而已，你還必須讓小孩可以過好日子。我這兒子從小腦袋就不好，成績差，工作能力也欠佳。但沒關係，有什麼問題，阿爸處理。阿爸會讓你一輩子爽爽地過，不需要去上班，也不用煩惱錢的問題。這就是真正的財務自由，第一代打拼，第二代享受。

常看到很多人，每天逼小孩讀書，出社會後逼小孩工作，小孩被操到半死，卻依舊無法財務自由。其實什麼樣的父母，就會生出什麼樣的小孩；不會讀書的父母，生出不會讀書的小孩；工作賺不到錢的父母，生出工作賺不到錢的小孩。你不能把自己做不到的事情，逼迫小孩去做，如此惡搞之下，往往只會把小孩逼進精神病院而已。

目前我兒子就是每天打電玩，去咖啡廳喝咖啡、追追動

漫，這就是真正的退休人生。去大賣場工作半年，老爸就幫他賺到可以退休的資金了。很多人會覺得這樣都不上班，日子不會過得很無聊嗎？我看他日子過得挺舒服的，還跑去追動漫展。現代的小孩普遍都不想結婚，因為他認為養個家太麻煩，還是自己一個人過生活輕鬆愉快，看來翁家要絕後了。反正小孩爽就好，做父母的，實在是沒辦法管。

在小孩的股市教育上，我現在都是讓他自己去交易；比如說，每月買 1 張富邦金這樣。這些買股票的原則，很早以前就確定，兒子只需要照做即可，完全不用思考。

肥羊流派的炒股術就是簡單，任何一個小學生都能輕鬆學會，沒有難度。雖然炒股技巧很簡單，獲利可不簡單，隨便一年的獲利，就能打趴短線投機者一輩子的奮鬥。每天花時間睡覺，什麼都不做，就能夠賺大錢。這不是那些每天盯著盤看的短線投機者，所能夠想像的輕鬆生活。

在現代的生活中，我們每個人都太過忙碌了。我們沒有時間擁抱自己的妻子，沒有時間陪伴小孩，家人彼此之間極度不滿，衝突百出。每個人都全心全意地在工作上犧牲奉獻，換來的則是慘遭開除，不管你多努力地替老闆辦事，

老闆永遠只會當這是應該的，沒有人情，沒有義理。本肥羊主張，大家都應該停下腳步，多陪陪家人，別急著賺錢。

說起來很簡單啦！但實際上，沒有錢，日子要怎麼過呢？所以我希望，大家可以好好地學習炒股，每個月替自己打造一份額外的收入。不用看盤，把白天的時間拿去工作；不用進行財報分析，把晚上的時間拿去陪伴家人。悠閒，緩慢，生活就該過得如此奢侈。

「子路曰：『南山有竹，不揉自直，斬而用之，達于犀革。以此言之，何學之有？』孔子曰：『括而羽之，鏃而礪之，其入之不亦深乎？』」──《孔子家語・子路初見第十九》

這段話翻譯成白話文就是，子路說：「南山有一種竹子，不須揉烤加工就很筆直，削尖後射出去，能穿透犀牛的厚皮。有些東西就是天賦異秉，又何必經過學習的過程呢？」孔子說：「如果在箭尾安上羽毛，裝上磨得銳利的箭頭，箭不是能射得更深、更遠嗎？」

子路是元老級的學生，歷經孔子數十年的教誨，之後在

衛國內亂時，衝出去送死，被剁成肉醬。孔子也因為悲傷過度，不久後跟著死亡。孔子身為至聖先師，終其一生的努力，也無法替子路這位「南山之竹」安裝上羽毛和箭頭，更何況是我輩庸才，要如何成功地教導愚蠢的後代子孫呢？絕對不可能的事情。豬就是豬，牽到台北還是豬，頂多變成萊豬。這就是教育的真相，讓你的孩子從豬，變成含萊克多巴胺的豬，愈教導愈糟糕啊！

　　我不會說自己很厲害，教導出了一個很天才的炒股神童，沒這回事。我兒子就只是個庸才，我所能對兒子實行的，也就只是庸才教育而已。既然是個庸才，工作上就不可能有啥表現。所以我只是讓他去大賣場做個半年，挫挫年輕人的銳氣，就讓他跟隨我炒股了。

　　這沒什麼好不好的，反正我兒子就只是這種水準而已。也因為他只有這種水準，所以我砍掉了「變形」肥羊派波浪理論，只剩下「標準型」肥羊派波浪理論的介紹。畢竟「變形」肥羊派波浪理論很複雜，還得搭配虧損理論，買賣點又經常需要調整，這不是一個庸才所能理解的深奧思想。

　　本書之所以一直強調，小學生也能炒股賺到錢，就是因

為我兒子只有小學生的程度。我畢生的心血，除了鑽研出
一套可以賺錢的炒股術之外，也得研究出一套能讓小學生
都能賺到錢的方法，否則翁家將會在我死之後滅亡。

　　人生最悲哀的，不是生出一個笨蛋兒子，而是生出了一
個笨蛋兒子，還認為自己的兒子是天才。每天逼小孩補習，
讀書讀到半夜 12 點，小孩的成績，都已經爛到讀私立高
職，還叫小孩要努力準備學測，以後考上好大學。那種爛
成績，真的能夠考得上好大學嗎？除非你覺得野雞大學也
是好大學，否則你的一切努力，都只是浪費時間與金錢。
不只如此，你還會把小孩逼到痛苦的深淵。

　　不要以為孩子爛就是爛，再怎麼逼，也不會更爛，這實
在是太天真了。你的小孩不會讀書、不會工作，沒關係。
好好訓練，學習洗衣煮飯、打掃家裡、使用肥羊流炒股術，
他還是一生衣食無憂的。運氣好的話，也許還能找到哪位
善心人士，和他結婚生小孩。但如果你一直逼小孩，他可
以酗酒、他可以住精神病院，他還可以每天在家裡大吵大
鬧。不要以為小孩最不濟，就是跳淡水河而已。會死人的
都不可怕，不會死人的才可怕。身為父母，理應替小孩開
拓一條平穩的道路，這才是真正的財務自由。

準則篇》擁有鐵血一般的紀律才是通往財富自由的最快捷徑

30 多年前的北方第 4 號牧場……

狼媽媽：「你要從這裡游過小溪，攀爬上這個懸崖，摘下高嶺之花，並把花帶回來給我，明白嗎？」

肥羊：「非常明白。」

狼媽媽：「口令是『綿羊愛吃草』，一定要先跟我確定過口令後，才能拿高嶺之花給我，絕對不能忘記問口令。」

肥羊：「絕對不會忘記。」

肥羊開始脫下衣服游過小溪，用繩索攀爬懸崖，在一群蜜蜂的圍攻之下，順利取得高嶺之花帶回來。

狼媽媽：「把花給我。」

肥羊直接把高嶺之花遞給狼媽媽。

狼媽媽：「連口令都不問的羊，今天沒資格吃晚餐。」

肥羊：「啥！明明是妳叫我拿花給妳的。」

狼媽媽：「演習視同正式作戰，一旦下達口令，就算親人都不能信任。」

肥羊：「我連狼媽媽都不能信任嗎？」

狼媽媽：「戰場之上，隨時都會出現背叛，你只能信任口令，不能信任我。」

肥羊：「我知錯了，我將絕食 24 小時，以示負責。」

狼媽媽：「肥羊，我對你有很深的期望，羊群信任你，但不信任我。只有你能夠帶領羊群前往應許之地，我雙手沾滿太多血腥，沒辦法。」

數年後，狼媽媽推薦肥羊管理第 4 號牧場，肥羊卻帶領 1 萬 3,000 多隻羊逃走，創立了肥羊王國。

紀律，紀律，鐵血一般的紀律。我們肥羊流派和其他流派最大的差異，就是我們非常強調紀律，我把各位粉絲當

成士兵一般的訓練，我就是將軍。將軍下的指令如果不清楚，這是將軍的錯，將軍該死；將軍如果指令都下達得很清楚，士兵還待在原地傻笑，那就是士兵該死，士兵必須立刻以軍法槍決。無法遵守將軍指令的士兵，沒有資格活在戰場上，只能送他去死囉。

要團結一個 FB 社團很簡單，踢掉所有不團結的人就好。我不認為這世上所有的粉絲都能夠教育，證據是我花了幾十年，卻連自己的父母都無法教育。連親人都無法教育，我當然不可能教育所有粉絲。

要教育整個 FB 社團也不難，只要踢掉所有不能教育的人就好。當所有社團都在強調團員數目有多少，對股市影響力有多大，只有 FB 社團「股市肥羊」在慶賀今天又踢了多少人。

我不是靠開課程、賣訂閱文章在賺錢，因此我不需要拍粉絲馬屁。不只如此，我還以踢掉粉絲為樂，這就是本社團最大的特色。寧要精兵三千，不要百萬烏合之眾。

小蝶：「剛衛生局打電話來，希望你能幫忙星期二元長鄉的快篩。」

肥羊：「跟衛生局說，我會準時抵達元長鄉的『長南長北集會所』做快篩。」

小蝶：「別去比較好，你連疫苗都還沒施打耶！」

肥羊：「雲林縣幾乎所有醫師都沒施打疫苗，又不是只有我一個。」

小蝶：「別冒這個險，你光股票資產就 4,368.8 萬元的人了，這麼危險的工作，讓別人做吧。」

肥羊：「我不做快篩，誰來做快篩？主治醫師應該帶頭做事，而不是把所有危險的工作，都丟給年輕住院醫師來承擔。不能每天告訴年輕醫師，要有醫德，自己遇到事情，卻第 1 個落跑。」

小蝶：「萬一你得傳染病死了呢？」

肥羊：「是人都會死的，這根本不值一提。反正我死了，衛福部會給我撫恤金，搞不好還能進忠烈祠。」

小蝶：「那你的家人誰來照顧呢？」

肥羊：「我兒子都已經 21 歲，每天巴望著我的遺產，我死了，他最開心。地球不會因誰死亡而停止運轉，小孩也不會因為父母死亡，就停止長大，是時候讓他們獨立了。」

小蝶：「為何你堅持要去做快篩？隨便找個理由拒絕就

打敗疫情：一年賺一千四百萬的肥羊養股術

行了，我聽說公立醫院還有醫師，為了躲避快篩，直接請長假的。」

肥羊：「他們是他們，我是我。當初我畢業時沒有逃兵，現在我就不可能拒絕做快篩，身為醫師，這是我的工作。如果連新冠肺炎（COVID-19）這種死亡率只有2%左右的疾病都會害怕，以後還有愛滋病、肺結核，這些死亡率更高的傳染病在等著我，難道我要把診所關掉，回家躺著等死嗎？」

小蝶：「以你的財力，就算回家躺一輩子，也沒問題。」

肥羊：「只因為害怕傳染病，就放棄當醫師，自我隔離，回家躺一輩子。這樣跟關在牢裡，被社會隔離一輩子，有什麼差別？人就是必須活著面對社會，即使這樣會導致死亡。就像我家養的小花狗，先前在鄉間小路被車撞到骨折；痊癒後，我還是每天帶牠去鄉間小路遛狗，即使遛狗會導致小花狗被車撞到骨折。」

小蝶：「如果你知道自己最後會死於當醫師，你也會繼續當醫師嗎？」

肥羊：「如果你知道自己最後會死在家裡，難道你就不回家嗎？這一切都是宿命，該怎樣就怎樣，命運是不可違背的。我唯一能做的就是穿戴好防護裝備，即使我對面坐的就是新冠肺炎病人，我依舊會把篩檢棒插進他的鼻孔，

即使這樣做會導致我的死亡。這就是我的工作，這就叫做
『敬業精神』。」

　　我們肥羊流派對於股票的操作，可以說是公布到非常的
詳細，連股票的推薦價格，投入的資金比例，都寫得很清
楚。即使如此，也還是有一堆鐵粉沒有買股票。問他們理
由，都說沒有錢，然而我看他們卻有錢去吃美食。你把美
食的錢省下來，每個月花 5,000 元買零股，這樣會做不到
嗎？1 天少喝 1 杯飲料，1 星期少吃 1 頓大餐，每月給父
母的孝親費扣個 3,000 元，小孩別浪費錢補習，反正小孩
數學不會就是不會，怎麼教都不會。錢少絕對不是問題，
就看你願不願意節儉而已。

　　覺得每月拿 5,000 元買零股沒有用的人，你這輩子做任
何事情都沒有用。簡單說，你的人生已經毀了，被先天的
貧窮家庭毀了，被後天的好吃懶做毀了，你已經徹徹底底
毀了。除了早日投胎到富貴人家以外，沒有任何事情能夠
改變你悲慘的命運。你唯一能做的事情，就是上網數落本
肥羊炒股的缺點，除此以外，你還會做啥呢？

打敗疫情：一年賺一千四百萬的肥羊養股術

有些鐵粉跟我說，他怕賠錢。怕賠錢就別學人家炒股，我當醫師，連死都沒在怕了，你卻連賠錢這點小事，都還好意思拿出來講。你是能賠多少錢？1天賠100萬元？還是1天賠10萬元？如果你連1天賠1萬元都會害怕，良心建議你別炒股，去搞定存。會害怕1天賠1萬元，就意味著你股票最多只能投資10萬元，因為1檔價值10萬元的股票跌停，就會讓你賠1萬元。

想炒股卻最多只能投資10萬元，你研究股票簡直是在浪費自己的生命，像這種膽小怕死之人，根本連學習炒股的資格都沒有。就像害怕自己會被傳染新冠肺炎的人，也根本沒有資格當醫師，膽小者注定一事無成。

肥羊流派雖然不怕死，但我們不是去送死。不怕死和送死，這是完全不同的水準。我雖然敢用快篩棒插進新冠肺炎的病人鼻孔，但我身上是有穿全套防護裝備。當然，穿上防護裝備還是會得新冠肺炎，但至少可以降低99%以上的傳染率，至於剩下的1%，就隨天意囉！

天如果要亡我，又能怎麼樣呢？就像我們炒股一樣，我們列出了很多條件來篩選股票（選股條件詳見Chapter

1），就會有人吐槽我們這些條件有用嗎？美國雷曼兄弟
（Lehman Brothers Holdings）和美國國際集團（AIG）都
是開銀行的，還不是照樣倒閉？

投資國泰金、富邦金、中信金，自組金融股ETF

　　我只能說，如果我們不開出這些條件，倒閉的公司會更
多。電子股每年都有公司倒閉，然而就金融股來說，台灣
自從 2007 年中華商業銀行倒閉後，已經有 15 年沒有銀
行倒閉過了。就像很多人說的，電子股也未必就會倒閉，
金融股也未必不會倒閉，但雙方的倒閉機率相差近百倍。

　　依據台灣證券交易所資料，從 2007 年 1 月 1 日至
2021 年 11 月 15 日，共有 134 家公司下市，而在這期間，
台灣的銀行只有 1 家中華商業銀行倒閉。可以看出來，我
們利用 Chapter 1 選股條件篩出的公司（國泰金（2882）、
富邦金（2881）、中信金（2891）、元大金（2885）
和台泥（1101）），倒閉機率只有其他公司的 1%。

　　其實我覺得講 1% 是客氣啊！我挑選的金融股，倒閉機
率怎麼可能只有其他公司的 1%？應該是 0.01% 才對。但

做人總是要含蓄點，説我挑選的公司，倒閉機率只有其他公司的 1% 就好，這樣才能展現出肥羊族的謙虛。

當然，即使機率只有 1%，還是有可能會倒閉，因此很多人會吐槽買金融股，不如買指數型 ETF。確實，單看 1 檔金融股和 1 檔指數型 ETF，絕對是 1 檔指數型 ETF 比較穩，但我們是「國泰金、富邦金（註 1）和中信金」3 檔金融股，比 1 檔指數型 ETF 還要穩。

台灣可以倒 30 家大型電子公司，但台灣不能倒 3 家大型銀行，這會造成經濟崩潰，新台幣淪為廢紙的。所以銀行股才會被稱為「大到不能倒」，倒了政府得想辦法處理，否則會害死很多「不炒股」的老百姓。不是銀行不會倒閉，而是政府不敢讓銀行倒閉。「鐵打的銀行，流水的電子股。」銀行就跟鐵打的一樣堅固，電子股卻像流水般，每天倒閉來，倒閉去。

如果買 3 檔指數型 ETF，會比 3 檔金融股穩嗎？不會，因為台灣大公司就這麼幾家，無論 1 檔指數型 ETF，還是 3 檔指數型 ETF，買的公司都差不多，從幾乎每檔指數型 ETF 都擁有很高比例的台積電（2330），就可以獲得證明。

除非你買的是美國的指數型 ETF，否則單純以台灣的指數型 ETF 和 3 檔金融股相比，台灣的指數型 ETF 沒有比較穩。至於美國的指數型 ETF 如何，這已經超越本肥羊所知的領域，不予以討論。

無論如何，指數型 ETF 分散風險的概念，還是非常值得肯定。因此，我也開始打造自己的金融股 ETF，只要同時持有國泰金、富邦金和中信金這 3 家大型銀行，就等於拿下 60.22% 的金融市場。這就是肥羊流派目前獨創的金融 ETF，以後還會加入其他大型金控，但目前就是先拿下這 3 家。別再爭辯國泰金、富邦金和中信金，到底哪家銀行，才是台灣第 1，全部買下來就對了。壟斷整個台灣金融界，就是本肥羊以後的構想，但實際執行上還有段距離，夢想要遠大，但步伐必須謹慎。

以台灣 15 家金控公司（註 2）2021 年前 10 月累計獲利來看，富邦金賺 1,393.4 億元（含日盛金的 35.3

註1：富邦金在2021年3月30日完成公開收購日盛金（5820），並持續在市場上買入日盛金流通在外的普通股股權，預計在2022年第1季完成合併。

打敗疫情：一年賺一千四百萬的肥羊養股術

億元），國泰金賺 1,279.4 億元，中信金賺 504.4 億元，3 家金控合計賺 3,177.2 億元，占全體金控總獲利 5,275.9 億元的 60.22%（＝ 3,177.2 億元 ÷5,275.9 億元 ×100%）。其餘金控全部加總，賺得比這 3 家金控還要少，大者恆大，小弟怎麼努力都沒用。

我個人多年來的信念，就是「主治醫師必須當住院醫師的表率，年長者必須做年輕人的楷模。」我凡事不會直接叫別人去做，我會親自示範一遍，才叫別人去做，「言教不如身教」。這套用在炒股上也是一樣的，我不會去跟你爭辯國泰金的好壞，我會自己先買 1,000 萬元的國泰金，然後問你要不要跟？別問我國泰金哪裡好，你要我瞎掰的話，我可以找出 1,000 個理由證明國泰金很好；當然，你也可以找出 1,000 個理由，證明國泰金是垃圾，嘴砲是打不出勝負的。

既然我看多國泰金，我就買進 1,000 萬元國泰金；你看空國泰金，就麻煩你放空 1,000 萬元國泰金，多言無益，大家用鈔票分勝負。跟隨肥羊流派炒股最簡單，完全沒有任何基本面的分析，產業未來的預測，那些全部都是廢話。知道每個人都知道的新聞，學會每個人都會的基本分析，

這樣怎麼可能賺到錢？又不是傻了。你唯一需要做的，只有掏錢出來，買進本肥羊推薦的股票，連小學生都能輕鬆勝任這個工作。至於你有沒有小學生的程度，我可就不知道了，但我知道多數酸民的水準，連幼兒園的學生都不如。

小雅：「肥羊大師，你這種用大資金，領 5% 現金股利賺錢的方式，只適用於年薪百萬元的有錢人，窮人根本沒辦法這樣玩。」

肥羊：「所以呢？妳的重點是什麼？」

小雅：「你應該要開發出一個炒股方式，可以讓月薪 3 萬元的小資族，也能炒股賺大錢。」

肥羊：「賺大錢很簡單啊！有個好爸媽，有個好妻子（丈夫），有個好小孩，輕輕鬆鬆一輩子躺著賺，哪裡還需要領月薪 3 萬元？就像我兒子一樣，不用上班，每天孝順爹

註2：台灣15家金控公司包含華南金（2880）、富邦金、國泰金、開發金（2883）、玉山金（2884）、元大金（2885）、兆豐金（2886）、台新金（2887）、新光金（2888）、國票金（2889）、永豐金（2890）、中信金、第一金（2892）、日盛金、合庫金（5880）。

打敗疫情：一年賺一千四百萬的肥羊養股術

地，專心學習炒股，輕鬆年領百萬元現金股利。」

小雅：「你說的那些，我都沒有，講點切實際的東西。」

肥羊：「那就剋扣家人生活費，每個家人每月扣 5,000 元，一家 5 口每月扣 2 萬 5,000 元，1 年就賺 30 萬元了。」

小雅：「做不到啦！再說就算真的省下 30 萬元，那群家人也不會把錢交給我。」

肥羊：「那就是你的領導能力有問題，家人不想理睬妳。」

小雅：「對對對，我有問題，這樣可以嗎？所以到底怎樣做，才能讓窮人炒股賺大錢呢？」

肥羊：「去做夢吧！現在開始睡覺的話，1 小時後，妳就是世界首富了。」

小雅：「你很愛說風涼話喔！」

肥羊：「明明是妳先說夢話的！」

小雅：「我可以用房貸融資買金融股嗎？」

肥羊：「可以啊！反正是妳的錢，問我做啥？」

小雅：「我是問你這樣的槓桿方式，有沒有問題？」

肥羊：「有問題啊！但反正破產的是妳，我又沒差，愛怎麼玩就怎麼玩吧。」

小雅：「為何你不能夠提供一些讓散戶賺大錢的炒股方式呢？」

　　肥羊：「為何妳不能去找可以炒股賺大錢的老師學習？外面明明一大堆股市名師，都可以輕鬆獲利 100 倍。」

　　小雅：「因為那些都是詐騙，你別當我是白痴。」

　　肥羊：「妳都知道炒股賺大錢是詐騙了，妳還跑來問我，炒股要如何賺大錢，莫非妳很想當白痴？」

　　總是有散戶要我針對他那 40 萬元的年薪，提出一個 10 萬元賺到 1,000 萬元的炒股方法。我要是當真知道這個獲利 100 倍的方法，我會讓自己先從 4,368.8 萬元變成 43 億元，再學巴菲特（Warren Buffett）創辦一個基金公司，從 43 億元再賺到 4,300 億元，還用得著寫書賣給粉絲賺錢嗎？

　　我就是不會讓散戶炒股賺大錢，不會就是不會，你怎麼問，答案都是不會。外面很多號稱可以 10 萬元賺到 1,000 萬元的股市名師，你可以找他們學習。反正那群詐騙集團，什麼口號都說得出口。想討論幻想，找詐騙集團就對了。

　　我常接到一些未上市公司股票的電話行銷，每個小姐都

堅稱買這家公司可以賺大錢。如果炒這家公司的股票當真這麼賺錢，電話行銷的小姐又何必打電話給我，她自己賺不就好了？搞電話行銷 1 個月能賺多少？2 萬 5,000 元嗎？炒未上市公司的股票，輕鬆就可以賺 25 萬元。不去賺 25 萬元的未上市公司，跑去賺 2 萬 5,000 元的電話行銷，這位電話行銷小姐肯定是個白痴。既然都知道這位電話行銷小姐是白痴了，你還相信這位白痴電話行銷小姐，你肯定也是個白痴。

我們長期投資流派對外宣稱的投資報酬率為 5%，其實是謙虛，真實獲利遠遠不止啊！以我本人來講，2016 年總股票資產為 1,500 萬元，2021 年總股票資產為 4,368.8 萬元，5 年股票獲利為 2,265.4 萬元，5 年投資報酬率為 151%（= 2,265.4 萬元 ÷1,500 萬元 ×100%），平均每年投資報酬率為 30.2%（= 151%÷5 年），平均每年炒股獲利為 453.1 萬元（= 2,265.4 萬元 ÷5 年）。

上面這是以肥羊流派，掌握最高奧義的祖師爺本肥羊我的水準來計算，粉絲的投資報酬率肯定又更差了。任何要求每年投資報酬率超過 30.2% 的人，都不應該來找我學習，因為我根本不會。請你去找別的股市名師學習。至於

你會不會被這些股市名師騙錢，本肥羊一點也不在乎。

大跌超過30%時，才能借錢投資

至於借錢買股票這件事情，本流派認為，只有在崩盤的時候，或者大跌超過 30% 的時候，才可以借錢押房貸炒股。以大盤在 2021 年 11 月，1 萬 7,700 點左右計算，就是 1 萬 2,390 點（＝1 萬 7,700 點 ×（1 － 30%））時，你可以借錢押房貸炒股。你要 1 萬 3,000 點就借錢押房貸炒股，也是勉勉強強可以啦。但以現在超過 1 萬 7,700 點的行情來說，肥羊流派反對借錢炒股。

當然，你要怎麼做，我不管，也管不著。但麻煩不要去別的粉絲團，學會一些稀奇古怪的招式，就跑來問我可不可以？你是不會去問那個粉絲團的團長嗎？對著羊族討論，羊排要烤幾分熟才好吃，你的智商是不是該檢討一下了？如此白目，又不懂社團規矩的人，怎麼可能學會複雜高深的短線投機技巧呢？偉大的航路上，又多一個沉船跳海的，讓我們為這場水花秀歡呼吧！

長期投資者最大的喜悅，就是看短線投機者一個又一個

打敗疫情：一年賺一千四百萬的肥羊養股術

的賠錢套牢，你快樂嗎？我很快樂，快樂就是這麼容易的東西，告訴你，「Be happy！」

小真：「股票可以買嗎？」
肥羊：「妳沒看我發的貼文嗎？」
小真：「你昨天發文說可以買，那今天股票可以買嗎？」
肥羊：「妳同樣的話問第 2 次了。」

　　小真同樣的問題，為何會重複發問兩次呢？因為她的問題，沒有得到她想要的答案。她第 1 次發問時，肥羊要她看昨天的貼文，但昨天不是今天啊！怎麼可以拿昨天的答案，來當作回答呢？

　　我們實際抓一下這兩天的價格差異，中信金從 22.95 元，變成 23 元，上漲 0.05 元；國泰金從 59.3 元，變成 59.9 元，上漲 0.6 元。中信金的價格，本質上沒有差異，所以小真不是要買中信金，她是想買國泰金。那為什麼國

泰金價格差 6 角，就不能買呢？因為她害怕套牢在 59.9
元，6 角的價差就害怕套牢，這小真的膽識真小。

另外，小真還想要本肥羊鼓勵她，勇敢地買國泰金下去。
誰要鼓勵她呢？當我是小真的男友嗎？萬一國泰金就真的
差這 6 角，套牢在 59.9 元，我不就得聽小真哭夭一輩子
嗎？那如果國泰金下跌 6.6 元呢？玉山可能都會被小真哭
夭到崩塌，真正會被小真煩死，跟這種女人扯上關係會帶
衰的。

小真就是個囉嗦又膽小的女人，叫她閉嘴，是最省事的
方法。但叫人閉嘴畢竟沒有禮貌，所以要點醒小真，她同
樣的話已經說第 2 次，她就自然閉嘴了。後來我發現小真
根本沒買我寫的書，像這種人本來就該踢出社團，但考量
小真沒犯什麼錯，就留下來衝人氣。

再次強調，本「股市肥羊」社團，是用來教導肥羊流派
的學生，不是教育一般大眾的，你如果沒讀過我寫的書，
我對你的態度就不可能多好。事實上，我已經認真在思考
踢掉你了。「非我肥羊族者，其心必異」，肯定是來當臥
底的，肥羊族就是如此極端排外的激進組織。

病人：「莫德納疫苗會不會打死人呢？」

肥羊：「我打了上千支莫德納，目前都沒死人，很安全。」

病人：「可是我看新聞報導，有人打完莫德納後死了。」

肥羊：「每一支疫苗都會打死人，莫德納已經是全世界最好的疫苗，你還嫌，乾脆別打。反正後面還有幾百萬人想打莫德納，沒有差你這一支啦！」

病人：「我只是擔心打莫德納會不會死人，你何必這麼兇呢？」

肥羊：「我都回答你會死人了，你又何必一直問呢？」

病人：「我很想打疫苗，我怕得新冠肺炎。」

肥羊：「那就去打莫德納。」

病人：「可是我害怕打莫德納會死人。」

肥羊：「那就不要打莫德納。」

病人：「你這醫師講話怎麼這樣顛三倒四的，不能給我一個肯定的答案嗎？」

肥羊：「我只是個負責打疫苗的醫師，我只負責讓你施打疫苗。你愛打莫德納就打，你不想打莫德納就別打，我完全不在乎。還有，你後面已經站了好幾個人，麻煩快一點做決定。」

病人：「不是說有任何問題，都能問醫師嗎？」

肥羊：「我評估過你的身體狀況，你可以施打莫德納。至於你一直擔心會不會死的問題？我不是精神科醫師，沒有能力幫你做心理諮商。」

　　再一次強調，所有擔心打新冠疫苗會死人，但又害怕不打疫苗會得新冠肺炎的人，全部都有精神疾病；所有害怕買股票會賠錢，但又想炒股賺錢的人，全部都應該接受心理諮商。我雖然是個醫師，但我不是精神科醫師，我沒有能力處理你的心理問題。如果你有心理疾病，就不用問我，直接掛精神科門診才正確。

　　打新冠疫苗，就是把一支可能有效的針劑，打進你的身體。打了有沒有效？不知道。會不會死人？也不清楚。總是要先打針看看，才曉得結果，每個病人都是醫師實驗用的白老鼠。

　　炒股就是把股票炒來炒去，炒完後，錢會變少？還是變多？不知道，全世界也沒有人知道。如果你知道，肯定病

打敗疫情：一年賺一千四百萬的肥羊養股術

情很嚴重，該住精神病院了。各位粉絲都只是被我拿來測試肥羊養股術的實驗品而已，身為受試者，你覺得很不滿嗎？你可以換個老師學習炒股。本肥羊不是靠賣學習課程和訂閱文章賺錢的，絕對不會在乎少你一個學生，隨你去吧！Let it go ！

「不愛錢，不怕死」才能在股市獲利

「帝問天下何時太平？飛曰：『文臣不愛錢，武臣不惜死，天下太平矣。』」——《宋史‧岳飛傳》

打仗的時候，重視的是經濟和軍事。經濟就是「文臣不愛錢」，自己不污錢，專心替國家搞錢，國家才會有錢。如果文臣滿腦子只想污錢，自己富裕了，國家就會變貧窮。軍事就是「武臣不惜死」，將軍戰死了，國家才能活下來，將軍如果滿腦子只想活下來，國家就會戰死。

炒股也是一樣，「不愛錢」，不管今天大跌賠多少，繼續買，繼續賠；「不怕死」，誓死與公司共存亡，絕不賣掉股票。有這種決心的人，炒股想賠錢都很難。如果害怕賠錢，每天算今天大跌，自己損失多少錢；害怕公司倒閉，

幾億元的呆帳，就認為中信金會因為旗下中信銀投資中國恒大集團，而破產倒閉，開始數落中信金的缺點。這樣怕賠錢，怕死的心態，是不可能學會炒股的。只有不怕賠錢，不怕死的人，才夠資格稱為肥羊族。

　有人會把 ETF 拿來和金融股比較，認為 ETF 比較厲害，但真的是這樣嗎？我們用元大高股息（0056）來做示範。0056 在 2021 年 1 月 4 日的收盤價為 29.94 元，現金股利 1.8 元，2021 年 12 月 21 日的收盤價為 33.36 元，還原權息 35.16 元（＝ 33.36 元＋ 1.8 元），上漲 5.22 元（＝ 35.16 元－ 29.94 元），漲幅 17.43%（＝ 5.22 元÷29.94 元×100%）。

　再來用元大台灣 50（0050）來舉例。0050 在 2021 年 1 月 4 日的收盤價為 124.35 元，2021 年 12 月 21 日的收盤價為 141.85 元，中間兩次除息，現金股利合計 3.4 元，還原權息為 145.25 元（＝ 141.85 元＋ 3.4 元），上漲 20.9 元（＝ 145.25 元－ 124.35 元），漲幅 16.81%（＝ 20.9 元÷124.35 元×100%）。

　0056 和 0050 這 2 檔 ETF 的表現，看起來是不錯，但

打敗疫情：一年賺一千四百萬的肥羊養股術

還是輸金融股一大截。2020 年一堆人説買金融股，不如買 ETF。2021 年呢？買 ETF，還不如買金融股。其實這就是股票的風水輪流轉，今日的飆股，明天的狂瀉股；今日的狂瀉股，明天的飆股。爭辯金融股和 ETF 誰比較好，非常的愚蠢，一切不過是看運氣而已。我們再來看看本肥羊所挑選的股票。

富邦金 2021 年 1 月 4 日的收盤價為 46.25 元，2021 年 12 月 21 日的收盤價為 74.8 元，若加計富邦金配發的現金股利 3 元、股票股利 1 元，還原權息為 85.28 元（＝ 74.8 元 ×（1 ＋股票股利 1 元 ÷ 面額 10 元）＋現金股利 3 元），上漲 39.03 元（＝ 85.28 元－ 46.25 元），漲幅 84.39%（＝ 39.03 元 ÷46.25 元 ×100%）。

國泰金 2021 年 1 月 4 日的收盤價為 42.05 元，2021 年 12 月 21 日的收盤價為 60.3 元，若加計中間國泰金配發的現金股利 2.5 元，還原權息為 62.8 元（＝ 60.3 元 ＋ 2.5 元），上漲 20.75 元（＝ 62.8 元－ 42.05 元），漲幅 49.35%（＝ 20.75 元 ÷42.05 元 ×100%）。

中信金 2021 年 1 月 4 日 的 收 盤 價 為 19.55 元，

2021 年 12 月 21 日的收盤價為 25.65 元，若加計中間中信金配發的現金股利 1.05 元，還原權息為 26.7 元（＝ 25.65 元＋ 1.05 元），上漲 7.15 元（＝ 26.7 元－19.55 元），漲幅 36.57%（＝ 7.15 元 ÷19.55 元 ×100%）。

　　上述這 3 檔金融股都是本肥羊 2021 年所持有的股票，每檔股票至少都持有等值 1,000 萬元以上的數量。雖然富邦金後來賣光了，但之後會購買等值 403 萬元的富邦金股票回來，因為富邦金 2021 年就賺 403 萬元（註 3）。「賺多少，買多少」，就算日後富邦金倒了，我也不可能賠錢，因為成本是 0 元，0 成本絕對不可能賠錢。

　　在持有金融股且完全不動的狀況下，就能獲得極高的投資報酬率，富邦金 84.39%，國泰金 49.35%，中信金 36.57%。隨便一檔股票的獲利，都比 ETF 高，那我為啥

註3：Chapter 1中提到，之後會改由我兒子進行操作，但至今都是我和兒子開會討論，由兒子去元大證券進行實際操作，事後再向我回報。雖然開會時，兒子不敢反抗我的意見，因此名為詢問兒子意見，實際則跟考試沒兩樣。即使這樣搞，比我自己操作麻煩很多，但為了訓練小孩，也是不得已的做法。截至2021年12月21日，已經重新買回富邦金63張。

打敗疫情：一年賺一千四百萬的肥羊養股術

還要買 ETF 呢？還得付管理費。堅持自己炒股票，這才是肥羊族。當然，如果你要買 ETF，我也是不反對的，不會選股的人，買 ETF 絕對比買股票好。

其實購買 ETF，爭議也是很多的。依據 2021 年 11 月 19 日公布的資料，0050 有 48.09% 的權重都是台積電。只要台積電一垮，0050 跟著垮，光靠其他 49 檔股票，救不了台積電的下跌，0050 就是典型的台積電概念 ETF。

0056 持有長榮（2603）也是爭議很多，而且長榮的權重還排行第 1，高達 6.54%。長榮現金股利 2.49 元，2021 年 11 月 19 日的收盤價為 117 元，現金殖利率 2.13%（＝2.49 元÷117 元×100%）。友達（2409）權重排行第 2，為 5.65%，現金股利 0.3 元，2021 年 11 月 19 日的收盤價為 21.85 元，現金殖利率 1.37%（＝0.3 元÷21.85 元×100%）。號稱高股息的 ETF，結果持有權重最高的前兩大公司，現金殖利率竟然如此低落。

如果你購買 ETF，就無法干涉公司如何操作股票，你會買到完全沒有分散風險，幾乎是 50% 像台積電的 ETF；也會買到現金殖利率超級低落的 ETF。這樣的 ETF，當真有比買

金融股穩嗎？我個人深感懷疑，所以本肥羊決定自己挑選股票，至少自己選的股票，怎麼賠錢會比較清楚原因，不會永遠一無所知，主控權永遠操之在己。

你炒股 10 年，至少能擁有 10 年的股票知識；炒 ETF 10 年，你依舊對股票世界一無所知，還要被扣手續費。錢拿去讓操盤手練習炒股，自己還不能發表任何意見，感覺似乎哪裡怪怪的。

長期投資大賺小賠，回本機率高

除了 ETF 以外，最近一堆人跑去搶新股上市／櫃，但許多新股上市／櫃之後，股價就崩了，例如：

1. **八方雲集（2753）**：2021 年 9 月 9 日的上市承銷價為 155 元，2021 年 11 月 22 日的收盤價為 128.5 元，下跌 26.5 元（＝ 128.5 元－ 155 元），跌幅 17.1%（＝ -26.5 元 ÷155 元 ×100%）。

2. **亞洲藏壽司（2754）**：從 2020 年 9 月 17 日上櫃掛牌的收盤價 108 元，下跌至 2021 年 11 月 22 日的收

盤價 79.2 元，現金股利 0.5 元，還原權息為 79.7 元（＝79.2 元＋ 0.5 元），下跌 28.3 元（＝ 79.7 元－ 108 元），跌幅 26.2%（＝ -28.3 元÷ 108 元× 100%）。照這種每年 0.5 元現金股利的配法，購買亞洲藏壽司的人，大約要 57 年才能解套。願神保佑這群散戶，能平安順利地存活 57 年。

八方雲集這樣，亞洲藏壽司也是這樣，所以我們一向不鼓勵購買新上市公司，老公司比較好。

中國的恒大新能源汽車（以下簡稱中國恒大汽車）也一樣，該公司至今尚未有任何車款實現商業化量產，一車未賣，市值一度飆升至港幣 6,741 億元（約合新台幣 2 兆 4,000 億元），不僅是中國市值最高的車企，其價值竟是母公司恒大的 2 倍。中國官媒《新華社》曾批評中國恒大汽車「紙上造車」。但中國恒大汽車違約風暴以來，該公司的員工都放假，許多人已經開始在投履歷找工作，倒閉指日可待。

曾幾何時，股市已經變成一個大賭場，公司基本面好不好，沒關係；汽車公司沒有製造出任何車輛，不重要。反

正只要是新聞炒得火紅的股票，直接買下去就對了；只要是新上市的公司，直接抽籤預購就對了。結果就是一連串的套牢慘賠，家庭悲劇不斷上演，再來哭夭主力坑殺散戶，政府沒有保護投資人的權益。

很多人都說：「短線投機會賠錢，長期投資也會賠錢，反正都會賠錢，那為何還要搞長期投資？」問題是賠的金額不同，如果你是最高點買中國恒大汽車，你現在損失已經超過 90%，但如果你是長期投資，很少有損失超過 50% 的，即使是崩盤。

以中信金為例：2020 年 2 月 20 日收盤價 23.45 元，至 2020 年 3 月 23 日收盤價 16.15 元，下跌 7.3 元，跌幅 31.13%（＝ 7.3 元 ÷ 23.45 元 × 100%）。

我們可以看得出來，雖然短期投資和長期投資同樣都會下跌，但長期投資的跌幅比較小，且能夠漲回原本的價格。

事實上，2020 年 2 月 20 日用收盤價 23.45 元購買中信金的人，以 2021 年 11 月 15 日的收盤價 24 元計算，加上中信金這 2 年配發的現金股利 2.05 元（＝ 1 元＋ 1.05

打敗疫情：**一年賺一千四百萬的肥羊養股術**

元），還原權息 26.05 元（＝ 24 元＋ 2.05 元），還淨賺 2.6 元（＝ 26.05 元－ 23.45 元）。而短線投機中國恒大汽車的人，他的損失高達 90% 以上，解套之日遙遙無期，倒閉之日卻是近在眼前。

以醫學來做比喻，長期投資的人如果受傷，就像菜刀切到手指頭，雖然一時流血痛苦，但傷口終究會癒合的。而短線投機則像被車子輾過去，手腳都截肢了，根本長不回去。短線投機小賺大賠，套牢至公司倒閉為止；長期投資大賺小賠，放個幾年統統回本。你為何還要搞短線投機呢？嫌錢太多無處花嗎？

人們總是一再地宣稱短線投機能賺大錢，但我沒看過短線投機賺大錢的人，倒是看過不少短線投機賠到破產的人。人就是犯了過錯，還會繼續再犯錯，並且宣稱自己非常正確，每天靠吹牛畫唬爛過日子的悲哀生物。

情況如果緊急的話，做事情就必須轉個彎，轉個彎就會想跳舞，只要是陽光照耀之處，到處都能夠跳舞。愈是想要賺錢，愈是要放棄賺錢的念頭。如果想要賺錢，就可以賺到錢，台灣沒有窮人了。與其滿腦子思考如何獲取更多

的利潤，跟隨股市名師買飆股慘賠，不如去跳個舞，愉悦一下身心，再回家好好陪伴家人。

　你或許賺不到錢，但你絕對不會因為炒股得失心太重，搞到自己住精神病院，這是肥羊流派的教誨，希望各位都能夠謹記在心。肥羊流派可是個非常有紀律的組織，有紀律地發呆、睡覺、追動漫、打電玩，看似與金錢完全無關的所作所為，才是通往財富自由的最快捷徑。

墮落篇》成天批評他人缺點對投資並無助益

水羊城大捷之後，狼族勢力急速衰退，水羊族趁機出兵占領西方草原，肥羊族也拿下了東方草原，而面積最大、最肥沃的中央大草原，則是由山羊族奪走。形勢險要的榕樹橋要塞，由鎮南將軍蒼狼固守，數度抵抗山羊族的大舉北伐。

「北榕樹橋，南劍羊關」，被譽為天下兩大要塞。肥羊族在歷經 3 年的全民軍事化訓練之後，由肥羊王親自帶兵 6 萬名，借道蕃羊族的東方山脈，奇襲狼族的東方領地。

鎮東將軍炎狼親上最前線指揮，卻遭到肥羊王的包圍，靠著「東方親衛隊」的拼死保護，殺出重圍，鎮東將軍炎

狼逃走。「東方親衛隊」死亡數超過一半，剩下的狼全部帶傷，被肥羊族所俘虜，不願投降的狼族都被斬首示眾。

遼闊的東方領地，包含第 1 號至第 199 號牧場，小羊將軍先進入鱷魚河中上游的第 107 號牧場，開始對同樣是綿羊族的村民們發表演講。

小羊將軍：「狼族在過去的數百年裡面，不停地奴役我們綿羊族，每天都有羊隻因為負擔不了這些粗重的工作，而活活累死。而當狼群肚子餓了，我們甚至會被殺來餵給狼群吃。公羊只能活 15 歲，母羊只能活到 30 歲，不能生育的母羊甚至被直接處死，這是何等的不公不義！現在是各位起來反抗狼族暴政的時候了。」

村民甲：「我兒子 2 年前也跟你說過一樣的話，結果牠自從 2 年前反抗狼族之後，到現在都沒有回家過，誰來還我兒子呢？」

村民乙：「偉大的肥羊王之子，我們沒有你那麼崇高的志向，我們只想當個奴隸，好好地過日子。」

村民丙：「滾出這個村莊，別把狼羊戰爭的烈火，燒到我們身上。我們的死活，不用肥羊族來干涉，你們的好意，只會替 107 號牧場，帶來更大的痛苦。」

在村民們此起彼落的幹譙聲中，小羊將軍被迫下台離開會場，看到肥羊王正在村莊外面，悠閒地散步。

　　肥羊王：「看你的臉色非常難看，說服這群村民很難吧。」

　　小羊將軍：「我不懂，我們是過來解放這群村民，脫離奴隸生活，牠們卻把我當成破壞美好生活的壞人，我明明就是為了牠們好而已。」

　　肥羊王：「牠們已經習慣奴隸生活了。對牠們來說，奴隸生活就是最好的生活方式。不管嘴巴再怎麼抱怨奴隸生活的種種不是，牠們根本就不打算做任何的改變。現在你卻突然要逼迫牠們改變最美好的奴隸生活，牠們當然會心生怨恨，羊群總是對新生活感到恐懼。」

　　小羊將軍：「這是我看過最墮落的生活態度，我們繞過蓄羊族的東方山脈北伐，補給線拉得太長，兵員補充也很難，若無法取得當地綿羊族的幫忙，這場戰爭注定失敗。」

　　肥羊王：「所以你打算退回南方重新規畫嗎？」

　　小羊將軍：「好不容易突破狼族防衛線，怎能輕言放棄目前所得到的地盤？不是所有的綿羊族都是肥羊族，只有願意贊同肥羊王理念的綿羊族，才夠資格稱為肥羊族。107號牧場罪孽深重，已無救贖的可能性，請父王批准我執行『聖潔計畫』。」

肥羊王：「成大事者不拘小節。兒子，你成熟了。」

當天，肥羊族軍隊迅速從第 107 號牧場撤退，所有村民開心慶祝自己可以脫離狼族的控制，又不用捲入狼羊戰爭的炮火，村民們一直飲酒作樂到半夜。

第 2 天早上，同樣位處鱷魚河中上游，距離第 107 號牧場幾公里遠的第 112 號牧場發現，鱷魚河變成血紅色，便逆流而上，查探是怎麼回事？結果發現，第 107 號牧場到處都是屍體，血液匯集成小溪，注入鱷魚河，有許多鱷魚甚至離開河流，上岸來啃食屍體。

進入牧場後，地面上到處都是狼族的血腳印，牆壁上則有狼族的血手印，許多屍體上留有狼族啃咬的痕跡。牧場正中央插著一塊告示牌，「背叛狼族就是死」。

這世上存留著太多墮落之人，他們對這個國家、這個社會，完全無任何貢獻可言，每天就只是活著，單純的活著。什麼都不去想，什麼都不去聽，什麼都不去看，就只有那

打敗疫情：一年賺一千四百萬的肥羊養股術

張嘴巴特別厲害；什麼都可以拿出來討論，非常善於批評別人的缺點，嘴砲無敵強。像這種人，你要怎麼教育他？怎麼去改變他？孔子再世，也沒能力糾正他的行為；耶穌的鮮血，也洗淨不了這群人的罪惡。

最糟糕的是，這群墮落之人，完全不知道自己犯了什麼錯，他只是每天出張嘴討論廢話，譏笑別人的股票操作有問題，他有什麼錯呢？講話內容空虛，行事不切實際，心驕氣傲，狂妄自大，不願意出手幫助困苦的窮人。想要洗淨《聖經》所描述，充滿墮落之人的罪孽之都——所多瑪，除了降下天譴以外，沒有任何其他救贖的方法。

小雅：「肥羊有什麼了不起的？還不就仗著自己是醫師，收入高，用鈔票不斷買進，壓低成本，把賠錢的股票，硬是買到賺錢為止。本多終勝，誰不會啊？」

小蝶：「妳也可以跟著搞『本多終勝』啊！肥羊考得上醫學系，所以了不起；妳不服，也可以去考醫學系。」

小雅：「我就不會讀書，我要是會讀書，股票絕對炒得比肥羊厲害。」

小蝶:「妳不會讀書,然後覺得學霸肥羊沒什麼了不起,妳到底是憑什麼批評呢?」

小雅:「我不是批評肥羊不會讀書,我是批評他仗著自己有錢,用源源不斷的現金流,把賠錢的股票,硬是買到賺錢。普通人生活困難,賺的錢不夠家裡花,根本不可能這樣操作股票。」

小蝶:「所以妳覺得很會賺錢的肥羊,沒什麼了不起,要像妳這樣的月光族,才叫做了不起?」

小雅:「我不是批評肥羊很會賺錢,我是批評他炒股的方式,沒什麼了不起。他不該用本金大的優勢來炒股票,他應該像個正常人,只用 10 萬元炒到 1 億元,這樣我才會覺得他很了不起。單純用金錢來輾壓,這種炒股比賽,對窮人不公平。」

小蝶:「肥羊不用自己本金大的優勢炒股,難道要用自己不擅長看短線投機的劣勢來炒股嗎?再說肥羊為啥要讓妳覺得了不起?妳的家產有肥羊的 1/10 嗎?妳既不會讀書,家裡也貧窮,炒股也老是賠錢,妳到底憑啥看不起肥羊?他可是位學霸,家裡有錢,炒股 99% 都賺,1 年炒股就賺 1,406 萬元。妳究竟憑啥看不起有錢人呢?」

打敗疫情:一年賺一千四百萬的肥羊養股術

像小雅這種喜歡譏嘲別人的酸民，其實是不用浪費太多時間，跟她講一堆道理。因為她就只喜歡批評別人而已，看待他人的標準非常嚴苛，但她自己呢？不會讀書，不會賺錢，嫁一個很廢的老公，有 4 個只會討孝親費的父母和公婆。自己的家庭都顧不好，竟然還有氣力去注意別人的炒股技巧很差。那麼厲害的話，就麻煩先改善一下自己的生活環境。

　　小雅只拿得出 10 萬元炒股，卻好意思批評別人拿幾千萬元出來炒股，對窮人不公平。人世間哪來的公平呢？哪個主力會跟散戶公平競爭呢？小雅這種「狗吠火車式」的叫囂方法，麻煩各位讀者以後看到這種酸民，就讓她隨意去嗆吧！

　　人是不能夠降低自己的身分，跑去和狗對吠的。既然狗聽不懂人話，人也沒有必要去聽懂狗話。讓窮人繼續去複製下一代的窮人，生生世世永遠沉浸在窮人的世界裡面。畢竟窮人要的是公平，而不是財富，就讓她一輩子貧窮，追求著絕對不可能實現的公平。

　　「井蛙不可以語於海者，拘於虛也；夏蟲不可以語於冰

者，篤於時也；曲士不可以語於道者，束於教也。」——《莊子‧秋水》

　　住在井裡面的青蛙，不可能和牠們談論大海的事，因為青蛙受到井的限制，不可能看過大海，無法相信有大海的存在；夏天的蟲子不可能和牠們談論冰雪的事情，因為受到壽命的限制，牠們不可能活到冬天，自然也無法相信，這世上有所謂的銀白色冰雪世界；鄉下的書生，不可能和他們談論大道理，因為受到家庭教養的束縛，那些人每天只想到種田，自然沒有治理國家，平定天下的打算。

　　在莊子的這句話中，別有深意的詞是「不可語」。什麼是「不可語」呢？就是不能說、不能談論、無法溝通。對於自己不了解的事物，人們一般會有兩種反應：一種是認認真真聽別人說，藉助別人的閱歷來增廣自己的見聞；另一種則是把思想完全框定在自己有限的認知之內，對別人所說的話不僅排斥，而且嘲笑。這樣自命不凡的人，自然是「不可語」的。

　　在與人相處的過程中，我們當然要真誠地去和別人溝通交流，但是也要分清楚對象，對於聽不進別人觀點的「不

打敗疫情：一年賺一千四百萬的肥羊養股術

可語者」，不管我們怎樣努力講解，也是不會有好的溝通結果，該放手時就得放手。

此外，我們還可以用莊子的這句話勸慰被「不可語」者整得七竅生煙、幾近崩潰的「可憐人」。趁早放棄這群酸民，你的人生會過得比較好，鳳凰怎能與雞共同生活呢？早日離開酸民，才能讓你浴火重生，飛上枝頭當鳳凰。

小美：「今天又有 15 個預約施打疫苗的人沒來。」

小蝶：「這下多出 3 支疫苗沒人打。」

小真：「去打電話叫人來施打吧。」

小美：「要 65 歲以上的老人才能施打疫苗殘劑耶！」

小蝶：「臨時之間，叫我去哪找 65 歲以上的老人？」

小真：「只要用心找，一定可以找到 65 歲以上老人。」

小美：「很遺憾，我今天累了，沒有體力用心找。」

小蝶：「我們應該請肥羊醫師裁示吧！」

小真：「肥羊忙著發臉書廢文，沒空，要我看著辦。」

小美：「醫師都不努力了，只會每天叫護士努力。」

小蝶：「扔掉疫苗吧！大家省事。」

小真：「肥羊醫師指示要守法，扔掉就不會觸法。」

　　這是發生在 2021 年 6 月的 AZ 疫苗丟棄事件，由於有些診所不管病人資格，隨便亂打 AZ 疫苗，被衛生局罰 200 萬元，讓許多診所受到驚嚇，紛紛把打剩的 AZ 疫苗統統扔掉，造成極為嚴重的浪費。

　　想打疫苗的人打不到，去垃圾桶找，竟然出現一大堆丟棄的疫苗。雖然衛福部有開放 65 歲以上老人可以施打 AZ 疫苗殘劑，但一時之間，要診所去哪找 65 歲以上老人？直到後來開放全民施打疫苗殘劑，問題才獲得解決。但 2021 年 11 月之後，由於多數人都已經施打過疫苗，疫苗殘劑很難找到人施打，各個診所又開始亂丟疫苗殘劑。

　　先聲明，上面的故事，不是發生在本診所，別亂扣我帽子。就算當真是本診所幹的，我也絕對不會承認。

　　很多人都覺得，65 歲以上的老人，不是多到滿街跑嗎？怎麼可能找不到呢？主要是因為診所和民眾，平時就只是

打敗疫情：一年賺一千四百萬的肥羊養股術

花錢看病的關係而已，沒有建立更進一步的感情。如果你從電腦檔案裡面，去撈診所 65 歲以上老人的名單，這些老人未必是你診所的客人，他們可能只是 5 年前來看過病，然後就跑去別的診所逛逛了，陌生的病人很難建立關係。

就算你很認真打電話給這些 65 歲以上老人，他可能因為身體很差，行動不方便，沒辦法來診所，必須等小孩下班來載他；或者是耳聾，聽不清楚你在講什麼；或者早就過世了，你還叫他來打疫苗。

甚至是老人昨天已經打過 AZ 疫苗，你今天又交代他來打疫苗，結果電腦系統一查，已經打過了。你叫老人來，卻不讓老人打疫苗，他肯定會當場鬧翻整個診所。總之，由於 AZ 疫苗殘劑的施打非常麻煩，很多診所都做了最明智的選擇，扔掉疫苗，省時省力，最輕鬆。

這裡我們要提到一件事情，為什麼護士不願意打電話，叫 65 歲以上老人來打 AZ 疫苗殘劑呢？最主要原因就是「累」。除非你是個非常有使命感的護士，否則普通護士在打完一整天疫苗後，還要打電話叫 65 歲以上老人過來打 AZ 疫苗殘劑，肯定會感到全身虛脫。

Chapter **3** 墮落篇》成天批評他人缺點 對投資並無助益

「疫苗錢是醫師賺，所有苦差事都叫護士做；只要是人，都會不滿的。」有沒有覺得這句話，聽起來有點熟悉，現在我換個說法，「產品錢是老闆賺，所有苦差事都叫員工做；只要是人，都會不滿的。」你是不是突然感到對現實很無奈？對我們來說，平時工作就已經很辛苦，下班後還要增加額外的工作，大家肯定很受不了。

無法打敗主力，就應努力學習主力的思考邏輯

為何我只推薦長期投資，不搞短線投機呢？這樣你下班後，就不用追著公司的新聞跑，也不用在那邊看著線圖幻想，股價下跌時也沒有壓力。長期投資輕鬆無負擔，很適合被工作搞到過度操勞的各位。

人的體力和精神都是有限的。你浪費時間搞了短線投機，工作表現必然會下降；你搞短線投機賺到錢，但可能因過度熱中於股票，被老闆視為冗員，準備裁掉。既然我們今天領了這份薪水，就該對得起這份工作，專注於本業上。長期投資最適合忙碌的上班族了。

雪球永遠是自然滾動的，我們只需幫雪球準備一個長長

打敗疫情：一年賺一千四百萬的肥羊養股術

093

的坡道和多雪的環境即可，剩下的事情，「讓雪球自己來吧」！這就是長期投資的奧義，每天睡覺都能賺到錢，完全不需要做任何多餘的事情，「讓公司自己來替我們賺錢吧！」還需要別人幫忙推的雪球，就不是顆好雪球；還需要浪費時間思考的短線投機，也根本稱不上好的投資方式。

再來，我們談談特權問題。當初之所以要禁止疫苗隨便施打，是因為這樣造成很多特權階級插隊施打疫苗。禁止診所胡亂施打疫苗殘劑，雖然很公平，但導致大量疫苗殘劑被扔進垃圾桶。

之後恢復疫苗殘劑隨便施打，特權階級又繼續插隊施打疫苗。到處都有聽說，哪位高官權貴，或者哪個人認識診所醫師，直接跳過所有預約程序，施打莫德納疫苗，這在醫界，早已經是公開的祕密。

特權階級之所以能夠稱為特權階級，就是因為他有能力跳過所有繁瑣的程序，直接施打到疫苗殘劑。如果他沒這個能力，就沒資格稱為特權階級。

想要禁止特權階級插隊施打疫苗殘劑，就只有一個方法，

把多餘的疫苗殘劑全數扔進垃圾桶。如果不把多餘的疫苗殘劑全數扔進垃圾桶，特權階級就一定能夠插隊打到疫苗。

哪個特權階級會跟普通老百姓公平競爭的，你當特權階級是白痴嗎？哪個市場主力會跟散戶一樣，從 10 萬元炒股到 1 億元的，你當主力智商跟你一個樣嗎？特權階級是人類發展所必然出現的現象，「追求公平」則是散戶從貧窮變得更窮後，所出現的幻想。

如果你無法消滅特權階級，就該努力擴大人脈，想辦法加入特權階級；如果你無法打敗主力，就該努力學習主力的思考邏輯，盡可能想辦法讓自己成為主力。

公平不存在於現在的世界，過去不存在公平，未來也絕對不會存在公平。還在說主力的炒股手法，沒什麼了不起嗎？你這顆腦袋看來不過是個裝飾品而已，趁早換顆新腦袋吧！你那出生的貧窮家庭，你那低落的智商，你那不會賺錢的妻子（丈夫），你那操到過勞死的工作，你那不成材的小孩，你就是一切不公平的結合。你親眼見證了一切的不公平，別再幻想推翻特權階級和主力了，想辦法加入特權階級和主力，才是王道。

2021 年 7 月《天下雜誌》報導〈醫師散播新冠疫苗假訊息　累積 30 億身價〉提到，美國有一位另類療法醫師莫寇拉（Joseph Mercola），藉由打擊新冠病毒疫苗，來提升自己的知名度，同時靠販售健康產品給社會大眾來替自己賺錢。據估計，莫寇拉因為這些成功的網路宣傳，資產約有新台幣 30 億元。

在網路上散播假訊息很常見，在我的「股市肥羊」社團散播假訊息，一律永久封鎖。別跟我說你不知道這是假訊息，貼文者有義務對自己貼的文章負責查證，如果你沒有能力查證這篇文章，你根本就不該貼文發表。隨意散播假訊息的人非常該死，根本沒資格加入肥羊族。

從醫療到投資領域，小心網路假訊息

我在網路上經常看到許多網紅散播假訊息，質問他們又不是專業醫療人員，為何隨便散播醫療訊息？他們都回答：「哪條法律規定要專業醫療人員，才能散播醫療訊息？民眾有知的權利。」

我真不知道民眾為何要有權利，知道這些造假的醫療訊

息，好方便民眾將假醫療訊息更進一步地傳播下去嗎？

　　最近還有謠言說，「打完新冠疫苗不能喝咖啡」，這個散播謠言的人，肯定跟咖啡有仇，大概是以前被賣咖啡的小妹給甩了。打完疫苗後，請各位盡情地喝咖啡，支持被網路謠言搞到快倒閉的咖啡商。

　　散播謠言是老百姓的壞習慣。第 1 個散播謠言的起源者，是為了賺錢；第 2 個散播謠言的網紅，是為了刷自己的人氣；第 3 個散播謠言的民眾，是為了證明自己真的很愚蠢。本「股市肥羊」社團不歡迎白痴加入，因此遇到這種喜歡散播謠言的笨蛋，一律永久封鎖。

　　小雅：「中信金（2891）投資中國 1,872 億元，富邦金（2881）投資中國政府及金融機構 1,352 億元，國泰金（2882）投資中國政府公債 548 億元，且這還不包括它們投資中國公司的金額。可以說這 3 家銀行，對中國曝險的金額很高耶！」

　　肥羊：「這 3 家銀行對中國曝險的金額很高，然後呢？」

打敗疫情：一年賺一千四百萬的肥羊養股術

小雅：「萬一中國公司倒閉，中信金、國泰金和富邦金也會跟著一起倒閉。像這次中國恒大集團倒閉，就牽扯到 2 家台灣銀行和 44 檔國內基金。」

　　肥羊：「恒大集團倒閉，雖然牽扯到中信金和上海商銀（5876），但總金額不到 5 億元；小事，根本不值一提。就算 44 檔國內基金，全數因為恒大集團倒閉而下市，反正賠錢的是散戶，銀行只是負責抽手續費而已，又沒差。基金拿別人的錢去炒股，穩賺不賠，心情就是特別爽。」

　　小雅：「我想說的是，中信金、國泰金和富邦金不能買。」

　　肥羊：「你可以賣啊！我又沒差，股票交易是自由的。」

　　小雅：「我的重點是，你不應該在社團推薦中信金、國泰金和富邦金。」

　　肥羊：「妳是金管會的人員嗎？還是臉書審查員呢？」

　　小雅：「我只是個普通的老百姓而已。」

　　肥羊：「原來妳還知道自己是個普通老百姓啊！我聽妳口氣挺大的，還以為是哪來的大官員？原來只是個小老百姓而已。」

　　小雅：「我只是出於善意，好心提醒你，中信金、國泰金和富邦金有問題，希望你不要陷害團員。」

　　肥羊：「可惜我這個人非常壞心，做事總是出於惡意，

特別喜歡陷害團員，讓他們買進中信金、國泰金和富邦金賠錢。」

小雅：「我只是在跟你討論股票，講話不用這麼針鋒相對。」

肥羊：「只有雙方身分地位對等時，才夠資格稱為討論。我的身分是醫師，妳的身分是什麼？我年薪超過百萬元，妳年薪有 50 萬元嗎？我光是從 2016 年復出炒股的 5 年內，就獲利 2,265.4 萬元，5 年投資報酬率為 151%。妳炒股幾年？獲利幾萬元呢？投資報酬率多少呢？小雅，妳憑啥和我討論股票呢？妳根本不夠格啊！」

小雅：「你如此力挺中信金、國泰金和富邦金，到底有何理由？」

肥羊：「做事要啥理由？我爽就是理由。」

小雅：「先生你幾歲啦！講話很幼稚耶！根本就是在賭氣。」

肥羊：「只有窮人才會每天說別人幼稚，只有笨蛋才會每天批評社會不公平，鈔票就是硬道理。」

小雅：「你如此輕視別人，不怕全台灣都公幹你嗎？」

肥羊：「去公幹啊！嘴巴長在別人身上，我管不著。」

這種對中信金、國泰金和富邦金不利的新聞，每隔幾個

打敗疫情：一年賺一千四百萬的肥羊養股術

月就會出現一次，我真不知道要回應啥？

　　你看中信金、國泰金和富邦金不爽，就別買啊！到底是要跑來跟我討論啥呢？本肥羊就是天罩中信金、國泰金和富邦金。天罩還需要理由嗎？還需要理由，就稱不上天罩了。本肥羊這種天罩到底的做法，是對？是錯？那是我家的事，輪不到任何人干涉，不爽你可以退出社團，我完全不在乎。

　　至於和我討論股票這件事情，就更扯了。「股市肥羊」社團一貫的信念，就是宣導本肥羊的詭異思想，從不和任何人，做任何的討論。你只能選擇接受本肥羊的教化，或者自行離開，絕對沒有討論這個選項。

　　再説，就憑你那幾百萬元的資產，要和股票資產4,368.8萬元的肥羊討論股票，也實在是很瞧得起你自己。我只和夠資格的人討論股票，如果你不知道自己夠不夠資格，那麼你肯定不夠資格。

　　這個世界上。只有3個對象夠資格和我討論股票，一是我兒子，二是我妻子，三是我家的狗小黃；除此之外的任

何人，都不夠資格和我討論股票。

　　小雅：「肥羊醫師，有沒有興趣捐錢做善事？百年後你的家產都不會是你的，多做些善事幫助急難窮人家，受幫助的人會感恩在心裡。」

　　肥羊：「沒有興趣。妳喜歡做善事，不會自己捐錢嗎？」

　　小雅：「我每個月都有固定捐錢，下個月準備認養上學有困難的小孩，有沒有興趣一起參與？雖然金額不多，但至少是一份心意。」

　　肥羊：「就說我不捐錢了，妳聽不懂人話嗎？」

　　小雅：「佛法常說要多多布施，才能廣積福田，下輩子繼續當個有錢人。」

　　肥羊：「我這是股票社團，討論股票就好，討論一堆有的沒的做啥？」

　　小雅：「股神肥羊醫師，方土霖（4527）股利穩定，每年約配現金股利 1.8 元～ 2 元。以現在股價 27.5 元來說，現金殖利率很高，可否當定存股？」

　　肥羊：「妳是不會自己翻書啊？推薦的股票，明明書上

打敗疫情：一年賺一千四百萬的肥羊養股術

都有寫。」

　　小雅：「可是我看你的書上，沒提到方土霖。」

　　肥羊：「那就是不推薦囉！這麼小的一家上櫃公司，我不會考慮。」

　　小雅：「可是我覺得方土霖，現金股利真的很穩定。」

　　肥羊：「很穩定，妳可以自己去買，吵死人了。」

　　小雅：「但我想聽聽你的意見，穩定獲利的小公司，為何不能當定存股？」

　　肥羊：「我的意見就是，妳給我閉嘴，否則踢了妳！」

　　明明就是炒股社團，為啥會來一堆不相干的人呢？有些是來勸人行善的，有些是來教導大家做人處事的道理、孝順父母的重要，還有宣揚佛法，和傳頌基督教的；更別忘了到處可見的政治白痴，每天不幹譙一下政府，他們就活不下去。這些人到底是來社團做啥的？

資本額太小、不配股息公司，皆不適合長期投資

　　有時我很懷疑，FB「股市肥羊」社團有 6 萬人，但真正

的肥羊族是多少人？有 6,000 人嗎？其他的 5 萬 4,000 人，是不是該踢了？我們是純種肥羊族訓練中心，其他種類的羊族就別來了，你被踢都不覺得丟臉嗎？很多人之所以學不會炒股，是因為他們的資質太爛，根本不可能學會。

要求本肥羊分析方土霖，這也實在是很莫名其妙，一家資本額只有 7.6 億元的公司，到底是要研究啥？依據肥羊流派的選股標準，必須是大公司，第 1 關就淘汰了。還要研究啥？既不買書，也不看書，每天依據自己的幻想研究股票，還要硬逼別人分析他的股票，像小雅這種人，全部都該強制就醫，抓去住精神病院。

對許多散戶來說，他需要的不是高深的炒股技巧，而是去看精神科醫師。太多的散戶精神狀況有問題，太多滿腦子只想發財的呆子，太多的股市名師是騙子。股市就是一群精神病、呆子與騙子的集合，正常人太少了。

2021 年 7 月 6 日

肥羊看到長榮董娘賣股票的新聞，以及長榮（2603）、

陽明（2609）和萬海（2615）大規模訂購新船，擴充船隊的消息，判斷航運股日後將會供過於求。

肥羊：「我認為陽明有問題，大家快賣股票。」

小雅：「肥羊你行不行啊！今天陽明拉漲停，股價216.5元耶！」

2021 年 7 月 14 日

陽明的價格不斷下跌。

肥羊：「今天的低點，將會是明天的高點，大家快點賣陽明。」

小雅：「陽明不過是163元而已，大家120元買進的，早就賺飽飽了。還賣什麼賣，要加碼投資啦！危機入市，懂不懂？長期投資者一點膽識都沒有，果真是股市的待宰肥羊。」

2021 年 7 月 19 日

陽明股價持續數天上漲。

肥羊：「一家沒有現金股利的公司，不應該持有，大家快賣。」

小雅：「陽明都漲到188元了，還賣啥？要是聽肥羊的，就賠死了。大家加碼買進，200元榮景可期啦！」

2021 年 7 月 22 日

陽明股價一路趴到 140.5 元。

肥羊：「這家公司不值得投資啊！」

小雅：「別人恐慌我貪婪，繼續加碼陽明。」

 2021 年 7 月 28 日

陽明股價跌到 118 元。

肥羊：「加碼，妳再加碼啊！我看妳還有多少錢能加碼？」

小雅：「肥羊不要太囂張了，我可以跟你賭，陽明年底前就會回到 200 元，敢嗎？」

肥羊：「給我滾，永久封鎖妳。」

小雅：「不敢跟我賭就說一聲，只會每天封鎖人，肥羊真膽小啊！」

　　我們計算一下小雅的陽明股票。假設小雅在每個時間點各買 1 張（2021 年 7 月 28 日沒錢買，不算）。剛開始買 120 元，2021 年 7 月 14 日買 163 元，2021 年 7 月 19 日買 188 元，2021 年 7 月 22 日買 140.5 元，合計買了 4 張陽明，總共花了 61 萬 1,500 元（＝12 萬

元＋16萬3,000元＋18萬8,000元＋14萬500元），平均每股成本152.88元（＝61萬1,500元÷4張÷每張1,000股）。

以陽明2021年11月18日市價109.5元計算，每股價差-43.38元（＝109.5元－152.88元）。在不考慮稅費和手續費的情況下，小雅總虧損17萬3,520元（＝-43.38元×1,000股×4張）。

截至2021年12月21日為止，完全看不出來陽明有任何能力，可以在2021年年底前回到200元。所以小雅到底是要跟肥羊賭啥呢？根本穩賠不賺啊！

其實小雅就是賭一口氣，她就是不爽肥羊一直在譏笑陽明，所以要跟肥羊對嗆。結果呢？死得更慘。如果小雅聽肥羊的話，在216.5元賣掉120元買的陽明，她可以賺9萬6,500元；如果小雅選擇賣在163元，她也還可以賺4萬3,000元。但小雅選擇加碼陽明，不停地加碼，終於造成虧損惡化成17萬3,520元。更慘的是，小雅的資金被陽明徹底耗盡，已經不可能再進一步加碼了。單純從金錢的角度來看，肥羊是在幫助小雅賺錢耶！但小雅不聽，

她堅持危機入市，終於導致虧損日益嚴重，無法挽回。

如果你看到一個人在炒很莫名其妙的股票，眼看著就要虧錢了，千萬別跟他講，他會非常憤怒的攻擊你，讓他賠錢才是王道。拿著黃金砸到人的身上，人們只會注意到自己受到攻擊，而憤怒地反擊你，卻不會注意到那是非常昂貴的黃金。世人的癡愚就是如此誇張，閃遠點比較沒事。

為啥肥羊不跟小雅對賭呢？

第 1，肥羊不認識小雅，賭贏了，不知道去哪裡討錢，天知道小雅到底是誰？

第 2，肥羊以前和網友打賭，被賴過帳，有心理陰影。討債之路，漫長又遙遠，何必給自己添麻煩呢？

第 3，肥羊如果賭輸了得賠錢，賭贏了討不到錢，這根本是萬賠無一賺。

小雅如果真的那麼看好陽明會上漲到 200 元，她應該去借房貸、信貸、開融資來重壓陽明，這樣獲利至少是幾百萬元。跟肥羊打賭能賺多少，1 萬元嗎？簡直是浪費時間。還好小雅只敢跟肥羊打賭，不敢借房貸、信貸、開融資來

重壓陽明，否則小雅就只能選擇跳淡水河，或者去酒家上班了。小雅還沒有蠢到無可救藥，真是可喜可賀。

　　小雅被肥羊踢出社團後，跑去批踢踢發表文章，認為航運公司要開始跟客戶換新的契約，而新契約價格肯定會比舊契約上漲，加上廠商 2021 年被塞港嚇到，2022 年肯定會提前訂貨櫃。這樣 2022 年還會有低航價和淡季嗎？航運股的獲利將會年年不斷地創造高峰。

　　小雅的幻想很好，可惜現實並不支持她。全球第 3 大航商法國達飛海運（CMA CGM）宣布，運價凍漲至 2022 年 2 月。第 5 大航商赫伯羅特（HAPAG-Lloyd）也表示：「我們認為即期運費已見頂，不會進一步上漲運費。」「希望市場慢慢開始平靜下來。」

　　美國進出口商敦促美國聯邦海事委員會（FMC）主席馬菲伊（Daniel Maffei）表示：「我們聽到愈來愈多的匯報稱，海運承運人在幾乎沒有通知或解釋的情況下評估新的額外費用，例如『擁堵附加費』。作為 FMC 主席，我想知道運營商收取額外費用的理由，我強烈支持 FMC 執法局的嚴密審查，並阻止徵收任何可能不完全符合法律或法規的附加

費用。」再加上美國總統拜登（Joe Biden），針對航運費用的一系列調查，運價已經不可能繼續上漲了。

　　資本主義並不是一切都自由，一切都是需要經過政府審核，自由只存在於你腦子裡的幻想。現實就是人人不自由，也完全沒有平等可言。不相信嗎？明天你拍老闆的桌子試試，你將會知道何謂階級差距。

　　再來，我們談談小雅提到許多長期投資的概念，「危機入市」、「別人恐慌我貪婪」，這些觀念本身沒有錯誤，問題在於，不是每檔股票都能長期投資。陽明這家公司，自從 2012 年起，已經連續 10 年沒有發放過任何現金股利，沒有現金股利的公司，就不適合長期投資。別跟我說巴菲特（Warren Buffett）的波克夏公司（Berkshire Hathaway）也沒有發放現金股利，這裡叫做肥羊流派，不是巴菲特流派。任何事情我說的就正確，巴菲特說的就是錯誤，請務必搞清楚這裡是誰的地盤。

　　由於陽明沒有現金股利，因此小雅的長期投資，注定有 61 萬 1,500 元的資金被卡死在陽明，直到天荒地老。別跟我說小雅賣掉陽明，就可以把資金拿出來，買更好的股

票來賺錢。小雅只要賠錢就是死抱不放,賭一個長期套牢,以後會翻本的夢想。誰敢說陽明以後不會突破 152.88 元呢?公司不倒,未來就擁有無限可能。小雅懷抱著陽明 200 元的白日夢,你怎麼能忍心戳破小雅的幻想呢?這是何其殘忍的一件事情。小雅的陽明沒有賠,叫做「長期投資」,這就是小雅流獨樹一格的「長期投資」方式。即使肥羊認為,陽明這家公司,根本就不適合長期投資。

假設陽明可以每年領 3 元的現金股利,在正常的狀況下,第 15 年小雅就會解套(=價差 43.38 元 ÷ 3 元現金股利,採無條件進位),不會套牢到天荒地老,成為遺產。「有現金股利=套牢 15 年」vs.「無現金股利=套牢到死」,長期投資(此處指有配發現金股利之情形)的優勢,在此表現無遺。套牢是短線投機的死穴,但長期套牢,卻是長期投資獲利的關鍵。

如果你不願意讓自己的股票長期套牢 15 年,那麼你就不應該持有這檔股票 15 分鐘。短線投機是勝率 50% 的賭博,長期投資也是一種賭博,勝率 99% 的賭博。該選勝率 50% 的短線投機,或是勝率 99% 的長期投資,相信有腦袋的人,都知道該怎麼做。當然,如果你沒有腦袋,那我

也沒有辦法。

現股當沖成功者少，違約交割者多

航運股的炒作，很大的部分是來自於當沖。我們以
2021 年 5 月 4 日這一天的陽明為例，成交量 79.8 萬張，
有 52.1 萬張是當沖，只有 27.7 萬張是「正常交易」，且
還不確定這些「正常交易」，會不會第 2 天就賣掉？

買進陽明的人，有 65.29%（＝ 52.1 萬張 ÷79.8 萬張
×100%）不願意持有陽明，這是非常詭異的情況。當大部
分買進陽明的人，都是當天賣出陽明，這交易又是什麼意
思呢？單純地炒作股票嗎？還是擺明了就是來賭博的呢？
無本當沖術的盛行，又加劇了這種賭博的情況。

股票當沖並不是完全無本的，投資人仍然必須付出手續
費與證交稅。手續費跟股票交易一樣是 0.1425%，電子交
易打 6 折，買進、賣出都收手續費；證交稅的話減半，從
0.3% 變成 0.15%，只有賣掉股票時課稅，加起來總共是
0.321%（＝ 0.1425%×0.6×2 ＋ 0.15%），這個就是
現股當沖的成本囉！

試算一下，假設你買 100 元的股票 1 張，然後又用 100 元賣掉，那你的成本就是 321 元（＝ 100 元 × 每張 1,000 股 ×0.321%）。也就是說，你只需要 321 元，就能炒作 10 萬元的股票，槓桿倍率高達 311.53 倍，這麼高的槓桿倍率，根本就是在賭博。年輕人愛賭，無本當沖術就讓年輕人賭到爽，股市淪為全台灣最大的賭場。

年輕人一聽到有 300 多倍的槓桿可以賭，紛紛衝過去股市，卯起來賭。反正年輕人原本就一無所有，也無法失去什麼，賭個機會，總比一輩子領月薪 2 萬 5,000 元，要來得好很多。無本當沖術的盛行，造就了許多每天賺十幾萬元的少年股神。他們身無分文，就靠著當沖，不斷地賭博，累積了無數的財富。但成功者畢竟是少數，我們看到更多人是違約交割，信用破產。

以 2021 年 5 月 14 日這天為例，陽明共有 18 家券商出現違約交割，金額為 1 億 361 萬元。1 天之內，就有至少 18 個人靠著陽明破產，如果再加上長榮和中鴻（2014），散戶破產的人數又更可觀了。1 個交易日就 18 人破產，假設 1 年有 250 個交易日，且都像 2021 年 5 月 14 日這麼瘋狂，那就是 1 年會讓 4,500 人（＝ 18

人×250個交易日）破產，這數字都可以組織成一個步兵旅了。

想想這4,500人破產後，會做出什麼樣的犯罪行為？偷竊？搶劫？還是賣淫呢？無論他們做什麼，肯定會造成社會的嚴重動盪。窮人無所畏懼，貧民窟出身的本肥羊，最了解窮人被逼急時的恐怖之處。別跟窮人講仁義道德，窮人聽不懂，窮人只要飯吃而已。凡是貧民窟所在之處，都是犯罪率特別高的地方。

「倉廩實而知禮節，衣食足而知榮辱。」──《管子·牧民》

這句話的意思是，百姓家裡的糧倉充足，才能顧及到禮儀；豐衣足食，才重視榮譽和恥辱。你要一個每天沒飯吃的窮人不能犯罪，只能說你實在是沒窮過，回家啃你的雞排吧！又一個「何不食肉糜」的昏君。

我們會覺得違約交割，應該都是幾百萬元拿不出來，才有可能違約交割，再怎麼不濟，也是幾十萬元的資金周轉不靈。但實際上呢？年輕人的財力薄弱到非常驚人。

以 2021 年 5 月 14 日這一天為例，玉山證券的陽明違約交割金額為 1 萬 6,900 元，凱基證券復興分點的陽明違約交割金額為 9 萬 4,800 元，大昌證券新店分點的長榮違約交割金額為 1 萬 700 元。上面所說的，只是單就 2021 年 5 月 14 日這一天的 3 筆小金額違約交割而言。貧窮的年輕人，連 1 萬元都拿不出來，直接宣告違約交割，信用破產，年輕人的財力薄弱到令人覺得可悲。

很多當沖族都是這種財力薄弱的年輕人，你讓他們用無本當沖術不斷地去賭，成功者少，失敗者一輩子破產，連向銀行貸款買個房子都不可能，注定成為社會最下層階級的邊緣人，終生在犯罪與黑暗之間度過。

當然很多人會覺得，券商會替這些年輕人的財力把關，大金額的話，券商會把關啦。但 100 萬元以下的小金額，基本上，是不把關的，就連新開戶的交易金額上限都有 50 萬元了。券商就是讓你進股市下去玩，如果你玩到破產，它頂多提列呆帳。反正破產的人數並不多，光靠其他散戶的手續費，彌補得回來。

就算你當真無本當沖搞到破產，也沒關係啊！跟法院申

請強制扣款，呆帳還是能慢慢收得回來，沒啥好擔心的。只是可憐這位破產的年輕人，別人最低工資２萬５,250元，他只能領２萬１,202元，4,048元被券商拿走了（註１）。原本炒股是想發財，結果卻愈炒愈窮。

　　由於社會的反彈聲浪極大，政府也開始把目光放在當沖這一塊，政府不希望在這種過於熱絡的股市裡，賭博風氣持續下去。很多當沖族認為，政府為了賺取證交稅，不可能去壓制當沖風氣。但政府做事，從來都不是著眼於利益，而是選票。

　　證交所、櫃買中心自2021年８月27日起正式實施「當沖占比過高有價證券警示機制」，針對近６個交易日及當日當沖占比逾６成的個股納入注意股票。如果已列為處置股票，並符合當沖警示條件，處置期間將延長至12日。第１次處置都是５分鐘撮合一次，如果股價依然漲跌幅度

打敗疫情：**一年賺一千四百萬的肥羊養股術**

註１：依《強制執行法》第122條規定，在「維持債務人及其共同生活之親屬生活所必需範圍內」的工資，是不能扣薪的。其中「生活所必需」的金額，是以各縣市「每人每月最低生活費×1.2倍」為基準計算。如果以台北市最低生活費１萬7,668元計算，1.2倍是２萬1,202元。

過大，才會再有第 2 次處置，就會變成 20 分鐘撮合一次，而且單筆 1 張就要預收款券。這對於當沖族而言，根本是硬傷。

當沖講究分分秒秒，20 分鐘才能交易一次，這樣要怎麼當沖？當沖氣焰從此消沉下去。陽明成交量至 2021 年 9 月 29 日萎縮至 7.11 萬張，當沖剩下 4.08 萬張，股市成交金額也從每天 5,000 億元～ 6,000 億元，瞬間萎縮到 2,000 億元～ 3,000 億元。當沖族徹底被政府針對，而遭到無情打壓了。當沖族始終無法了解，自己繳了那麼多稅金，卻慘遭到政府對作。錢不是萬能，特別是對公家機構來講。

關於當沖的實際利益，陽明在 2021 年 8 月 12 日～ 8 月 30 日，當沖均損益加總為 2,065.27 元，除以 14 個交易日，平均每天每張當沖獲利為 147.52 元。以陽明股價 134 元計算，投資人當沖 1 張陽明的投資報酬率為 0.11%（＝ 147.52 元 ÷（134 元 × 1 張 × 每張 1,000 股）× 100%）。

假設長期投資的現金殖利率為 5%，是當沖投資報酬率的

45.45 倍（＝ 5%÷0.11%）。你拿 13 萬 4,000 元去搞長期投資，每年可以穩穩地賺 5% 現金股利，也就是 6,700元。但你玩當沖想賺 6,700 元的話，你的交易量必須高達609 萬 300 元（＝ 13 萬 4,000 元 ×45.45 倍）。

如果想像本肥羊這樣，1 年領 170 萬元現金股利，你就得當沖 15 億 4,545 萬元（＝ 170 萬元 ÷ 當沖投資報酬率 0.11%）。以每年 250 個交易日計算，你每天必須成交 618 萬 1,800 元（＝ 15 億 4,545 萬元 ÷250 個交易日）。用陽明股價 134 元計算，你必須每天買賣陽明47 張（＝ 618 萬 1,800 元 ÷13 萬 4,000 元，採無條件進位）。每天股票交易時間（早上 9 點～下午 1 點半）為 270 分鐘，等於你每 5 分鐘 45 秒（＝ 270 分鐘 ÷47張）就必須成交 1 張陽明。

每 5 分鐘 45 秒就得買賣 1 張陽明，你不嫌累嗎？你不用上廁所，吃飯喝水嗎？你都不用工作的嗎？與其 5 分鐘45 秒就進行 1 次當沖買賣，才能達到年收入 170 萬元，不如跟肥羊搞長期投資，每年輕鬆躺著賺 170 萬元。我還沒計算我年薪百萬元以上的工作收入呢？想靠當沖發大財，家產要贏我，你別做夢了。

少年股神每天上網吹噓當沖多好賺時，總是唬爛到像自己在印鈔票一樣，但其實每張當沖能賺多少錢？打開「Goodinfo! 台灣股市資訊網」查查當沖數據就能看到，少年股神就只會每天欺騙社會而已。當真要他掏家產出來比，可就完全拿不出來了，正港是「奧少年」。

小雅和小美在討論新冠疫苗的副作用……
小雅：「妳知道莫德納昨天打死人嗎？」
小美：「這算啥？一個媽媽打 AZ，前天餵奶，小嬰兒死了。」
小雅：「大家都說高端沒有保護力。」
小美：「BNT 打下去，一堆學生都暈針，還有人心肌炎。」

每次看到網路上這些關於疫苗的新聞，我就很痛心。老人打完針後死亡，一定是疫苗有問題嗎？難道老人不打針，就不會死亡嗎？應該要解剖來探討確切死因才對；都不解剖，隨便猜測老人是因為打新冠疫苗死亡的，這樣像話嗎？

而且，連暈針都拿出來當成新聞報導，暈針是學生因為

害怕被打針，造成情緒上的恐慌，才會暈針，跟疫苗有什麼關係？根本是牽拖啊！高端的不實報導也是一大堆，AZ會透過母乳導致嬰兒死亡，這可真是夠鬼扯的，怎麼想都覺得不可能。

　　無數的台灣人，每天就是批評新冠疫苗不好，既然這樣，那乾脆大家都別打針算了。但如果不讓老百姓打新冠疫苗，政府又會被批評防疫不力，連疫苗都買不到。怎樣做都錯，這群酸民真的很難伺候。

　　小雅：「我看肥羊炒股完全不行，他只是靠家產多，在貼對帳單嗆人而已。」

　　小美：「肥羊老是很得意自己炒富邦金，3 個月賺 403 萬元，吹噓自己不只會搞長期投資，短線投機也是一把罩，講得好像自己多天下無敵一樣。其實，如果他當時富邦金 77 元不賣，以 2021 年 9 月 30 日收盤價 76.7 元來看，加計中間富邦金配發的現金股利 3 元、股票股利 1 元，還原權息為 87.37 元（ = 76.7 元 ×（1 + 股票股利 1 元 ÷ 面額 10 元）+ 現金股利 3 元），價差 10.37 元（ = 87.37 元 −

打敗疫情：一年賺一千四百萬的肥羊養股術

77 元），201 張富邦金至少可以多賺 208.4 萬元（＝ 10.37 元 ×201 張 × 每張 1,000 股）。」

小雅：「就唬爛肥羊嘛！還好意思說自己勝率 99%。」

小美：「他炒股勝率根本也沒 99%，你知道他在 2021 年 9 月 10 日用 59.3 元的價格買了 11 張國泰金，以 2021 年 9 月 30 日的市價 57.9 元計算，價差 1.4 元（＝ 59.3 元 － 57.9 元），根本賠了 1 萬 5,400 元（＝ 1.4 元 ×11 張 × 每張 1,000 股）。」

小雅：「勝率 99%，炒股還會賠喔？我快笑死了。」

小美：「反正他只要賠錢，就說自己要長期套牢 20 年，20 年後肥羊都不知跑哪去？粉絲就算賠錢，也找不到肥羊算帳。」

小雅：「完全就是拖字訣，這種人也配當股市名師，小美妳都比他厲害 10 倍。」

總是有這種人，每天雞蛋裡挑骨頭。本肥羊要是每一筆交易都能 100% 賺錢，我直接跟銀行借錢炒股不就好了，還需要當醫師嗎？我富邦金確實少賺了，但我買國泰金補

回來，其實也是沒啥損失啦。

　　勝率要達到 99%，也必須先長期投資 20 年才有可能，今天買股票，明天就要賺錢，你當我是股神啊？我那麼厲害，還需要自稱「股市肥羊」嗎？小美當真那麼強，大家掏家產出來比，不要只會躲在螢幕後面嗆聲。

　　挑別人毛病很簡單的，就算是股神巴菲特，我也能挑出他一大堆毛病，卡夫亨氏（Kraft Heinz）番茄醬也是讓他一夜賠掉 50 億美元，股神巴菲特炒股也很常賠錢。

　　只要炒股就一定會賠錢，只要做事就一定會犯錯。不賠錢的炒股方法只有一個，那就是你不要炒股；不犯錯的做事方法只有一個，你不要做事。老是說別人不行，有本事就掏自己的對帳單出來，自己的資產都遮遮掩掩不敢公布，還好意思罵別人不會炒股，這種酸民也真是廢得有夠。

　　神並不是因為能力不足，而無法拯救這些人；神的耳朵也不是聾了，才無法聽見這些人的哀號。只是這些人的罪孽太過深重，使得他們與神徹底隔絕；這些人的惡形惡狀，使得神用手遮住臉，不想看他們，也不想聽他們講話。他

打敗疫情：一年賺一千四百萬的肥羊養股術

們的雙手被鮮血沾染，他們的十根指頭全是淫亂；他們的嘴巴裡藏著毒蛇，說出來的言語全是利劍。沒有一個人遵行公理正義，沒有一個人誠實清白，都倚靠著虛偽、狂妄和畫唬爛，來過生活。他們的家產，都會因為炒股，愈賠愈慘；他們的家庭，會因為小事，終日吵鬧不休。神能夠賜與這些墮落之人的最大恩惠，永遠只有徹底的毀滅而已。

合作篇》投資也要互利共生 關係才能長長久久

剛獲得解放的第 193 號牧場，小羊將軍正在發表演講，鼓吹村民起來反抗萬惡的狼族，中間由狼族俘虜，穿插表演行動劇。

狼族俘虜 A：「我們接獲上級的命令，第 107 號牧場意圖謀反，必須全數殺光，給所有牧場一個警惕。到達現場時，發現整個牧場已經被重兵徹底包圍，所有出入口都遭到封鎖。」

狼族俘虜 B：「我進入第 107 號牧場後，發現許多村民在奔跑，我就跟著牠們奔跑；然後牠們愈跑愈快，我就跟著愈跑愈快。有一隻小母羊跌倒了，我就輕輕咬牠一下，小母羊又立刻向前衝，我故意跑慢點，小母羊很高興地以

為自己跑贏了。」

狼族俘虜C：「然後我就從旁邊衝出來，一口一口，慢慢地，從腳開始咬小母羊，看她拖著受傷的腳，努力地往前逃跑，非常有趣。我刻意不咬脖子，避免小母羊瞬間就死了，等小母羊怎麼咬都不會動之後，我又去追其他羊隻。累了就吃點羊肉休息，渴了就喝點羊血喘喘氣，這是一場非常快樂的追逐遊戲。」

村民甲：「畜生啊！你們現在是把羊命當成什麼？供你們取樂的玩具嗎？」

村民乙：「狼族平時吃我們羊族就算了，畢竟肚子餓也沒辦法。但你們現在根本不餓，竟然還隨意屠殺我們，羊群可不是狼族的玩具啊！」

村民丙：「殺了這群狼族俘虜，替第107號牧場報仇！」

村民們開始對著表演台上面丟擲石塊和棍棒，肥羊族士兵立刻舉起大盾保護狼族俘虜，表演台下面的肥羊族士兵，馬上架住情緒激動的民眾。

小羊將軍：「各位村民，這群狼族俘虜只是受到上級命令而已，牠們確實有罪，所以牠們必須巡迴表演，重現當時的慘劇來贖罪，但大家真正該怨恨的，是那殘忍嗜殺的

狼王。」

　　村民甲：「我志願從軍殺光狼族，替第 107 號牧場報仇。」

　　村民乙：「我不擅長戰鬥，但我可以提供糧食，供士兵食用。」

　　村民丙：「我是母羊，我不會戰鬥或種田，但我可以生很多小孩，增產報國。」

　　小羊將軍：「10 年生聚，10 年教訓；20 年內，我們一定要消滅狼族。」

　　行動劇表演結束後，狼族俘虜被帶去晉見肥羊王。

　　肥羊王：「當初你們投降時，我答應過，只要你們願意為我工作，2 年後我就放你們自由。目前雖然還有些牧場沒有獲得解放，但 2 年時間已經到了，我不能食言，誠信可是身為羊族的最基本。這裡有一些今天剛戰死的新鮮羊族屍體，你們就帶走當作返鄉時的糧食。我還準備一些微薄的小禮物要給你們，你們以後就好好過生活，別再冒著生命危險，當士兵打仗了。」

　　狼族俘虜收下一整袋的肥羊族金幣和羊屍離開後，小羊將軍立刻上前。

小羊將軍：「父王，你送狼族俘虜金幣，降低牠們的警戒心；送沉重的羊屍當糧食，拖慢狼族的前進速度。最後再派出埋伏部隊狙擊。這招『殺狼滅口』，真是高竿啊！」

肥羊王：「我沒有派出任何埋伏部隊。」

小羊將軍：「啥！父王，您不怕第 107 號牧場的屠殺真相曝光嗎？」

肥羊王：「我們已經針對第 107 號牧場屠殺事件宣傳 2 年，大家都認為這件事情是狼族幹的。羊是一種很固執的動物，一旦相信之後，就絕不可能懷疑，我又何必害怕什麼真相曝光？事實的真相永遠只有一個，狼族俘虜屠殺第 107 號牧場。我們只是把所有村民集中好之後，站在旁邊看戲而已。狼族屠殺第 107 號牧場，千真萬確，我沒有說任何一句謊言。」

狼族俘虜回到家鄉後，過著奢華的生活，鄰居覺得很詭異，就跑去檢舉。當狼族憲兵入內搜索時，發現了大量的肥羊族金幣，狼王立刻以「叛國通敵」、「妖言惑眾」的罪名，將這些狼族俘虜判處死刑。鎮東將軍炎狼雖然以官位擔保這群狼族俘虜無罪，狼王卻絲毫不予以理睬。曾擔任東方親衛隊隊長的狼族俘虜在斬首示眾前，向所有圍觀群眾發表演說。

狼族俘虜：「我身為『東方親衛隊』的隊長，2年前遭到肥羊王奇襲，雖然雙方戰力相差懸殊，但我們至少讓鎮東將軍炎狼突破重圍逃走。『東方親衛隊』死亡狼數超過一半，剩下的狼，每隻都帶傷，我自己也身中7箭。如此犧牲奉獻，我自認為『東方親衛隊』對得起狼族。肥羊王親自向我們勸降時，凡是不願意投降的狼族，當著我們的面就斬首示眾，然後做成狼肉料理餵我們吃。每天早上抓一隻狼斬首給大家看，每天晚上餵我們一碗狼肉料理，你們知道那心理壓力有多大嗎？為了保全手下的性命，我除了投降以外，還能做什麼呢？鎮東將軍炎狼逃走時，答應我們一定會派兵過來救援，但我沒有看過任何一隻狼族士兵過來救援。當我好不容易逃回家鄉時，狼王卻要將我們斬首，理由是我們替肥羊王工作。在當時的狀況下，我們除了替肥羊王工作以外，還有任何選擇嗎？我們為狼王賣命，狼王沒有任何一點賞賜；我們犯了一點小錯，狼王立刻將我們處死。如此刻薄手下、不念舊情的狼王，以後絕對會有報應。」

我們可以發現，肥羊王對待狼族俘虜極為恩寵，又送羊

屍，又送金幣的。明明很多牧場都還沒有解放，也是照樣釋放狼族俘虜，像這樣的上司，手下就會很樂意替他工作。

相反地，狼王對待狼族俘虜可就很刻薄了。東方親衛隊在保護鎮東將軍炎狼突圍時，立下大功，但狼王完全不給予任何賞賜。東方親衛隊替肥羊王工作，狼王就以叛國罪全數處死。有這種上司，東方親衛隊也實在是很帶衰。

如果各位可以選擇，你會希望自己的上司是肥羊王？還是狼王？人與人之間的相處，如果要談感情，還不如談利益。跟你談感情能得到什麼？我們會結婚嗎？不會，因為我已經結婚了。那我是要跟你談什麼感情？你我之間沒有感情，只有利益。雙方的合作必須建立在互利共生之下，只有你獲得利益，但我沒有利益，這樣的關係絕對會破裂。

小雅：「肥羊大師，我想跟你學習炒股發大財。」
肥羊：「我們長期投資流派，沒辦法發大財。」
小雅：「可是我看你買富邦金（2881），3個月賺403萬元，超神的。我想學你買飆股，可以告訴我，是怎麼從

線圖看出富邦金會飆的？」

肥羊：「那只是運氣而已。」

小雅：「你在 2021 年 3 月 24 日，1 天內砸下 762 萬元買富邦金，你也要跟我說這是偶然嗎？你每天都偶然交易 762 萬元嗎？」

肥羊：「奧義的部分，只傳翁家子孫，外人一律不解釋。」

小雅：「別這麼小氣嘛，帶我們一起賺，你又沒損失。」

肥羊：「我有帶你們一起賺啊！2021 年 3 月 24 日那天，我還連發 3 篇文提醒，我一向都是 24 小時內通知粉絲。」

小雅：「我沒跟到啊！你啥時要換下一檔股票？」

肥羊：「3 年後，也許 10 年吧。」

小雅：「太久啦，下個月就跟我說一檔飆股。」

肥羊：「妳有讀過我寫的書嗎？」

小雅：「有啊，你寫的書，我都有買。」

肥羊：「騙我的吧，妳講話就像沒讀過書的外行人。」

小雅：「真心不騙，只要你願意教我炒股，我會很感激。」

肥羊：「我不需要妳的感激，我只需要妳買書，我總共寫了幾本書呢？」

小雅：「我不知道，我等等就去買書，請你務必先教我炒股。」

肥羊：「那就等妳買齊我的 4 本書之後，上傳妳和 4 本書的合照給我，再來繼續談。」

　　小雅：「我來當你的學生和粉絲。我的學習態度良好，我只是想要學習股票知識，早日找到飆股，短時間賺大錢而已。」

　　肥羊：「根本沒讀過我的書，連肥羊心法都不知道，廢話一堆。」

　　小雅：「我說的話是廢話，你說的話就是金玉良言嗎？原來你當醫師是這種職業道德。我如果像你一樣有錢，我會很低調，而不是每天貼對帳單炫富。我會樂心教人炒股，我不會逼粉絲買書，我會盡可能幫助所有人發財。」

　　肥羊：「我當醫師，就是想賺錢；我教人炒股，就是想賺更多的錢。我不是做慈善事業的，我沒有免費幫助別人的觀念。」

　　小雅：「原來你根本不是靠炒股賺大錢的，你是靠當醫師和賣書來賺錢的，你根本不配當股市名師。你都那麼有錢了，還死要錢，哪個主力像你這樣呢？有錢人應該要免費教窮人炒股。」

　　肥羊：「那就請妳去找免費教窮人炒股的主力學習。」

　　小雅：「雖然你對我這麼差，但我還是要講一句實話，

你的社團充滿太多逢迎諂媚之徒，已經沒有任何人敢向你
提出逆耳的忠言。每天被粉絲拍馬屁的你，早就已經看不
清方向，開始走偏了。」

　　肥羊：「我們是肥羊邪教，所以不是現在才開始走偏，
而是一開始就走偏了，永遠給我滾吧！」

　　我們可以看到肥羊和小雅的關係，是單方向對小雅有利，
對肥羊完全沒有任何利益可言。像這種「利己不利人」的
做法，是無法讓雙邊關係持續下去。

不向「利己損人」的朋友提供股票建議

　　我都告誡粉絲，不要隨便向他人提供股票建議，因為賺
錢他不會感激你，賠錢他會怨恨你一輩子，像這種「利己
損人」的朋友，會讓你的交際圈整個破裂。

　　很多自稱是我朋友的人，最後都被我斷交，因為我很討
厭這種「利己損人」的爛朋友。我們肥羊流派最推崇「利
己利人」，我先教你炒股讓你賺錢，你再買書讓我賺錢，

這種雙方都有好處的「互利共生」模式，才是維持長久合作關係的硬道理。

　　小蝶：「你為什麼因為團員沒買書，就叫人家滾？」

　　肥羊：「我從來沒有因為哪個團員沒買書，就叫他滾。事實上，本社團至少有一半的團員，沒買過書。」

　　小蝶：「那你為啥叫小雅滾？」

　　肥羊：「那是因為她一直吵著要買飆股，短時間賺大錢。」

　　小蝶：「想賺大錢有啥不對嗎？每個人都想賺大錢啊！」

　　肥羊：「沒啥不對，但我聽了不爽。我父母每天喊著要賺大錢，喊了幾十年，從沒賺過大錢，只有被人騙過錢而已。我聽到賺大錢的言論，就會聯想到我那愚蠢的父母，感到非常噁心，很想吐，妳懂嗎？」

　　小蝶：「這是你自己的心理創傷吧！何必牽拖團員呢？」

　　肥羊：「討厭就是討厭，討厭要啥道理呢？」

　　小蝶：「你既然想賣書，又何必在 FB『股市肥羊』社團，公布自己的進出紀錄呢？你不怕別人只跟單，但不買書嗎？」

肥羊：「我覺得應該先讓粉絲賺到錢，這樣他才會有理由買書。」

小蝶：「如果他只想賺錢，但不想買書，他就是想省那幾百元呢？」

肥羊：「一個連幾百元書都不肯買的人，就代表他不信任我。既然他不信任我，就不可能按照我的手法炒股，也不可能是肥羊流派的人。」

小蝶：「這樣別的流派，會占肥羊流派的便宜喔！」

肥羊：「讓他占便宜吧，反正他學到的，也不過是肥羊流派的皮毛而已。」

我經營 FB「股市肥羊」社團，基本上算是慈善事業，你甚至不用買書、不用繳錢，就可以閱讀我寫的文章。若你笨到不會炒股，跟著我的交易紀錄進出，就可以賺到錢。

本肥羊這樣搞社團能賺錢嗎？目前還算賺錢，但以後不知道。反正賺不到錢，把社團關掉就好，也不是什麼大事。社團成立的目標，是幫助所有想發財的窮人，既然是半個慈善事業，自然不會以我個人的利益為最優先考量，而是

盡可能多幫助一些初學者，讓他們能夠炒股賺到錢。像那種偷學別人技術，卻不買書的人，只要你有本事就偷學吧！

　　買不買書倒不是第一考量，畢竟本肥羊也是窮人出身，很能理解窮人想學習專業股票知識，卻沒錢學習的痛苦。但經營社團畢竟需要動力，才能夠運作，所以還是希望你學會這些炒股技巧後，買本書來支持。至於有沒有人學會技術，炒股賺錢後，還不肯買書的？只能說這種人畢竟是少數，不能為了 1% 的壞人，而犧牲 99% 的好人。

　　大凡崇拜一個人，就必然會收集這個人的相關商品，本肥羊是利用這種心態在賣書的。先展現我從 2016 年起，炒股連賺 5 年，5 年股票獲利 2,265.4 萬元，5 年投資報酬率 151% 的技術，讓你產生崇拜，再讓你購買我的書本。只要你是本肥羊的粉絲，你最後必然會買書，差別在於你是先買書再炒股賺錢，還是先炒股賺錢再買書而已。

貪小便宜的心態，恐阻礙靠炒股成功賺錢

　　如果你用本肥羊的炒股技術賺到錢，卻不肯買書，這就本質上而言，是不可能的。因為本流派提倡「先炒股賠錢，

再加碼攤平賺錢」。也就是說，本肥羊根本「沒把錢當成錢看」。錢不過是一種炒股後，必然會消耗掉的道具。想賺 100 萬元，就得先消耗掉 300 萬元，「視金錢如糞土」才是真正的肥羊流。如果你不買書的理由，只是想省幾百元，這本質上就牴觸了「花錢如流水」的肥羊流。你絕對不可能學會肥羊流派，因為你「貪小便宜」。

　　肥羊流派禁止貪小便宜，主張該花的錢，一毛都不能省。一個從心態上就有偏差的人，絕不可能學會喜歡「送死」的肥羊流。就像爬到樹上，想要抓魚一樣，再怎麼努力，都不可能抓到魚，絕對不可能。

　　那些每天在社團喊著沒錢買書的人，都不過是酸民。每天只會出一張嘴、跑來別人社團鬧事的酸民，他們從來就不是肥羊流派的人。過去不是，現在不是，未來也不會是。不是肥羊流派的人，自然不用購買肥羊流派的書籍，直接踢掉就好。你永遠無法教會狗說人話，也無法教會笨蛋算數學，理睬他們，不過是浪費自己的時間，放棄才是王道。

　　「今者臣來，見人於大行，方北面而持其駕，告臣曰：『我欲之楚。』臣曰：『君之楚，將奚為北面？』曰：『吾馬良！』

臣曰：『馬雖良，此非楚之路也。』曰：『吾用多。』臣曰：『用雖多，此非楚之路也。』曰：『吾御者善。』此數者愈善，而離楚愈遠耳！」——《戰國策‧魏策》

　　白話翻譯就是，今天我過來，看到有人在大馬路上，駕著馬車往北方前進，想要去楚國。我問他：「你想往楚國，為何前往北方？」他回答自己的馬匹很優秀，他帶的錢非常多，他的馬車伕很厲害。儘管如此，他是永遠到不了楚國的，因為他的方向，從一開始就錯誤了。馬愈好、錢愈多、馬車伕愈厲害，只會讓他離楚國更加遙遠而已。

　　常看到很多不知道從哪裡冒出來的團員，在 FB「股市肥羊」社團裡，發表很奇怪的言語，討論些很詭異的理論，這種人永遠不可能學會肥羊流派的。他再怎麼努力研究財報，看很多其他流派的書籍，分析一堆線圖，都不可能理解肥羊流派的思想。因為這些人打從一開始就錯了，愈努力，只是讓他離肥羊流派愈遠。我之所以沒踢掉他們，只是因為這群人還沒犯錯而已，不過留著這些人也有些好處：

　　①他可能會悔改，但 99% 不會悔改。人就是犯了錯，還會再繼續犯錯，永無停止之日的悲哀生物。不信的話，

你可以問那些 2021 年批評金融股的股市名師，他們肯定會找一堆理由，證明金融股不值得投資、壽險業隨時會破產。即使富邦金股價從 2020 年 3 月開始，已上漲超過100%，他們也不會認錯。一切都是主力想坑殺散戶，才故意拉高富邦金的價格，很快就要腰斬了。

　　②可以作為錯誤的示範，算是一個失敗的教訓。貼在社團裡，讓大家知道，原來這種行為是錯誤的。「水至清則無魚，人至察則無徒。」意思是，水太乾淨了，裡面就沒有魚；人太精明了，就不會有朋友。適當的污濁，對於社團來說，非常重要，溫室裡可種不出好花朵。

　　③作為我寫文章的靈感。一個人的思慮，畢竟是有限的，有人願意提供免費的靈感，何樂而不為呢？「股市肥羊」社團雖說是免費的，但其實並非免費，我除了賣書以外，也拿各位團員當作寫作的題材。白吃的午餐，原本就不可能存在於這個世界上。

　　小真：「你知道那個議員甲嗎？他當真是個大爛人，利

打敗疫情：一年賺一千四百萬的肥羊養股術

用職權承包工業區的工程，還替製造空氣污染的廠商，出面調解污染賠償事宜。」

肥羊：「講得好像妳親眼看到議員甲貪污一樣，證據呢？完全拿不出來吧！否則妳早去法院告議員甲了。妳知道我們今天快打場（快速新冠肺炎疫苗施打場）的飲料，是誰出錢買的嗎？妳嘴巴吃的冰，又是誰送的嗎？就是妳最討厭的議員甲。」

小真：「議員甲不過是有錢點，有啥了不起的？他就是貪污太多，才能夠四處撒鈔票，我比較喜歡清廉正直的議員乙。」

肥羊：「我們辦了這麼多快打場、快篩場（快速新冠肺炎篩檢場），我還真沒看議員乙來探視過，這種漠不關心的人，有啥好呢？」

小真：「議員乙忙嘛，這也是沒辦法的事情。」

肥羊：「縣長都來巡視過好幾次了，議員乙比縣長還忙嗎？」

小真：「你怎麼那麼討厭議員乙啊？承認吧，你其實就是議員甲那一黨的，對黨不對人，你立場可真是扭曲。」

肥羊：「扭曲的人是妳吧，連誰對我們好，誰對我們不好，都看不出來，妳該不會還反對高端疫苗吧？」

小真：「當然反對了，我為何要支持？」

肥羊：「我們今天的快打場，就是施打高端疫苗。」

小真：「這不能改變我反對高端疫苗的立場。」

肥羊：「那妳又何必領錢呢？既然這麼反對高端，今天就算妳義診好了。」

小真：「不行，該給我的錢，一塊都不能少。」

出社會談論的，就是利益而已。是非對錯這種小事，別拿出來討論，沒人在乎的。我們可以看到議員甲對我們很好，我們就應該要支持議員甲，至於議員甲是不是好人？那不是我們應該知道的。所有能幫助我們的，都是好人；能讓本肥羊打針賺到錢的，都是好疫苗。

常有人問本肥羊私底下是個怎樣的人呢？我怎樣，干你什麼事啊！就算我今天對父母不孝、對朋友不義，又怎樣呢？那不是你應該知道的，你只需要知道本肥羊推薦的股票，會不會漲就好，多餘的事情你不需要知道。

常看到很多人罵我炫富、白痴、喜歡謾罵、抄襲「網格

打敗疫情：一年賺一千四百萬的肥羊養股術

交易」、投資報酬率太低、沒有醫德，不配當個醫師。就當他們說的都是真的，本肥羊就是個喜歡謾罵、抄襲、炫富的白痴醫師。那又怎樣呢？我 2021 年炒股賺了 1,406.5 萬元耶！你說我投資報酬率太低，你 2021 年是賺幾億元呢？把你的對帳單拿出來，給大家笑一笑，那點程度的家產，還好意思批評別人。

炒股就是談錢，本肥羊賣書也好，當醫師也罷，都是我家的事情。我自從 2016 年開始帶領粉絲炒股，這幾年炒股期間，總股票資產都從 2016 年的 1,500 萬元變成 4,368.8 萬元，幾乎翻了 3 倍。社團內投資報酬率超過 100% 的粉絲，到處都是。

FB「股市肥羊」社團有 6 萬人，其中有炒股的應該只有 6,000 人，假設每個粉絲都跟隨我炒股賺 10 萬元，我至少為整個社團帶來 6 億元的財富，我對得起所有粉絲。

但利益是相對的，我給粉絲帶來財富，粉絲也必須買書，替我帶來財富和虛名。單方面的利益，注定你我之間必然決裂，雙方面的互利共生，才能使彼此關係長長久久。

眞假篇》不論消息正確與否
最終決策掌握在己

肥羊王率領大軍，包圍鎮東將軍炎狼的一點紅要塞，狼太子緊急率領 3 萬精銳前來救援，當狼太子抵達時，肥羊王已經撤退了。

狼太子：「逆賊肥羊仗著自己出生在東方的第 4 號牧場，非常熟悉這附近的地形，竟然跟我玩起了游擊戰，我來就立刻跑，我走就立刻來。繼續這樣下去，我們狼族會被逆賊肥羊耗死，有沒有任何方法，可以找到來去一陣風的逆賊肥羊？」

狼將軍甲：「報告狼太子，我剛發現逆賊肥羊出現在北方的小山丘，窺探我們的動向。」

狼太子：「你確定那真的是逆賊肥羊嗎？」

142

狼將軍甲：「在下曾跟逆賊肥羊在第 4 號牧場共事過，我敢用性命保證，那絕對是逆賊肥羊。」

狼太子：「全軍出擊，只要抓住逆賊肥羊，這場戰爭就結束了。」

炎狼：「太子殿下，您這次出擊，如果打贏，最多不過是當上國王，但您身為太子，當上國王也只是時間的問題而已，根本不用急於一時。但如果您打輸了，逆賊肥羊絕不可能留您活口。這次出擊對您個人的利益而言，只能說是百害而無一利，請殿下三思，堅守一點紅要塞才是萬全之策。」

狼太子：「一點紅要塞守住了，但外面的牧場呢？已經有 100 多個牧場淪入逆賊肥羊之手，我們就這樣繼續放縱逆賊肥羊嗎？我個人的生命安全保住了，別的狼族呢？他們將會因為失去牧場的羊肉補給，而活活餓死。我沒辦法像你一樣，整天躲在一點紅要塞。對於肥羊族屠殺 107 號牧場，害我們狼族少了許多口糧，還四處抹黑 107 號牧場是狼族屠殺一事，裝作沒看到。做狼不能這麼自私，只顧著享受自己的榮華富貴啊！鎮東將軍炎狼，你沒有身為四大貴族的覺悟，但我有身為王族的驕傲。」

　　狼太子立刻前往北方的小山，沒有發現肥羊王，只有看

打敗疫情：一年賺一千四百萬的肥羊養股術

到小羊將軍在緊急撤退。

　　小羊將軍：「你們這群只會躲在一點紅要塞，軟弱又無用的狼族，帶種就追過來。肥羊王已經在馬奮坡埋伏重兵，你們要是敢追過來，就殺到你們屍骨無存。」

　　狼太子：「自古以來，所有的埋伏都深怕敵人知道，消息嚴密封鎖，哪有對著敵人高聲大喊的道理？這只是虛張聲勢，馬奮坡肯定沒有埋伏，大家脫下鎧甲輕裝追擊。今天就算抓不到逆賊肥羊，至少也得殺了他兒子小羊洩恨。」

　　小羊將軍拼命逃，狼太子死命追，終於在馬奮坡追上。此時，在馬奮坡埋伏許久的肥羊王舉起右手扇子，天上立刻落下了數不清的箭雨，狼太子轉身想逃走，轟然一聲巨響，無數的木頭跟巨石從山坡滑落，堵住了馬奮坡的出入口，3萬狼族大軍全滅。

　　有誰規定埋伏重兵，一定得嚴密封鎖消息嗎？我不能告訴你，我埋伏重兵嗎？兵法這種東西，真真假假、虛虛實實，我不見得要對敵人說謊，我甚至於可以對敵人說實話。

　　永遠不要認為別人在騙你，誠實往往是最大的謊言，別被自己的無知限制住了思考。打仗如此，炒股也是如此，新聞未必是假消息，新聞也有真消息。新聞是真？是假？該由自己來判定。你不該相信新聞，也不該懷疑新聞，重點不在於新聞的真假，而在於你的腦袋是否清楚。

　　貨櫃三雄長榮（2603）、陽明（2609）及萬海（2615）業績表現不斷創高，但股價自 2021 年 7 月高點開始一路走跌。7 月市場盛傳「美國有意壓抑運價」後，8 月市場再度盛傳「中國將再重新管制美國線運價」，9 月底更有「美西線運價 3 天跌掉 3 個月漲幅」的流言傳出。

　　上述這些利空消息都直指航運榮景不再，但事實卻是運價持續飆漲，到中國十一長假後，上海航交所的最新報價，上海出口集裝箱運價指數（SCFI）已來到 4,647.6 點，指數續創新高，直接打臉「美西線運價 3 天跌掉 3 個月漲幅」的謠言。

勤奮研究股票消息，往往造成反效果

　　儘管事後證明，運價下跌根本是解讀錯誤的謠言，但短

打敗疫情：一年賺一千四百萬的肥羊養股術

短 3 個月，台灣貨櫃三雄股價跌幅超過 6 成，本土法人日前出具內部報告直指「假消息造成股價大跌，讓股民深受其害！」並呼籲主管機關必須要正視這個問題。

我們來分析一下航運股運價下跌的這個假新聞，雖然運價下跌是個假新聞，但航運股 3 個月內股價腰斬，卻是真實的新聞。

如果你相信航運股運價下跌這個假新聞，在 7 月就賣光航運股，堆積如山的鈔票，將會是你相信假新聞的回報。如果你懷疑航運股運價下跌的這個假新聞，你跑去美國進行調查，證明這確實是個假新聞，繼續堅定地持有航運股，賠到快破產，將會是你懷疑假新聞的回報。

從賺錢這一點看來，航運股運價下跌，真的是假新聞嗎？除非你是個只重視事實真相，不在乎賠了多少錢的理想主義者，否則相信假新聞，是你最好的選擇。

俗話說，「天道酬勤、地道酬善、人道酬誠。」上天偏愛勤奮的人們，付出的努力一定會有所回報；心存善念，行事必獲保佑，凡事順利成功；做人處事，以誠待人，天

助人助，必獲友誼肯定，這是我們常掛在口頭上的說法。實際上，如果你很勤奮地研究股市，往往只會賠得更慘；傻呆呆地每天躺著睡覺，往往可以獲得數倍的投資報酬率；徹底忘記股票的存在，存股存到自己變成骨頭，子孫甚至可以獲得數百倍投資報酬率的遺產。

「天道酬勤，股道酬懶」，愈懶得理睬股票之人，往往賺得愈多，這也是本肥羊為何要努力推廣躺著賺的肥羊炒股術的原因，這樣才能讓大家獲得最大的利潤。

消息也是一樣，相信假消息往往可以獲得巨大的利潤；堅持真新聞，經常會讓你賠到破產。既然股票的賺賠，不是以努力或者真假來判斷，你又為何要堅持努力和真假呢？

小雅：「陽明 2021 年大賺，2022 年會賺更多，2023 年將會無比興盛。」

小真：「2024 年，陽明會因為全世界的新船太多，賠到快破產嗎？」

小雅：「亂講，我對陽明董事長有信心，新船多只會賺

打敗疫情：一年賺一千四百萬的肥羊養股術

更多。」

　小真：「你當全世界只有陽明一家航運公司啊！」

　　這是針對航運股，很常見的爭辯，這兩人的對談，聽起來好像很有內容，其實兩個人都是笨蛋。無論陽明2024年是賺？是賠？這跟股東有什麼關係？應該要研究陽明2022年會分多少現金股利，這才跟股東有關係啊！否則就算陽明每年EPS都賺30元，只要現金股利維持在0元，陽明就沒有任何投資價值。覺得我在影射股神巴菲特（Warren Buffett）的波克夏公司（Berkshire Hathaway），不分現金股利嗎？沒錯，我就是説巴菲特的波克夏公司，沒有任何投資價值。

　　如果捨棄長期投資的觀點，單純從短線投機觀點來看，小雅因為陽明賠掉17萬3,520元，陽明這家公司也沒有任何短線投機的價值，大概只剩當沖的用處。可惜政府最近在打擊當沖，「搞當沖大不易」。

　　短線投機者沒有必要知道公司的營運情況，反正你根本

不打算持有公司的股票，又何必浪費時間研究公司的基本面呢？線型對了，就可以直接購買。前提是，你真的會看線型嗎？就我看來，90% 的短線投機者看不懂線型，卻又每天看線型，真不知道這群散戶腦袋在裝啥？

小真是長期投資者，因此她從長期投資的角度切入陽明，這其實也是錯誤的。小真怎麼確定 2024 年陽明就會大賠，甚至賠到快破產呢？小真的依據是什麼？全世界的新船過多，真的會讓陽明大賠嗎？小真有解釋過自己的依據是什麼嗎？完全沒有。小真的假設完全沒有任何依據，單純是畫唬爛。

長短線投資人皆無法預測股價漲跌

很多人都批評短線投機者是，看著線型在幻想；那麼長期投資者就是，看著財報在幻想。雙方一樣都是在幻想，長期投資者並沒有哪一點，比短線投機者優秀，兩邊都是畫唬爛大師。

很多人光是看看公司的財報，就開始規畫起公司 10 年後的美景。如果真有哪位長期投資者，能看著財報，預估

打敗疫情：一年賺一千四百萬的肥羊養股術

公司 10 年後將會成長幾倍，這位長期投資者肯定該住在精神病院。

如果短線投機者，無法預知股價明天的漲跌，長期投資者也不可能看到，公司 10 年後的賺賠。所有宣稱自己可以看到未來的人，全部都有非常嚴重的精神疾病，必須立刻強制就醫，在精神病院度過餘生。

在炒作股票的時候，我們常聽到一位媒體的董事長（以下簡稱董事長），和另一位外商銀行總經理（以下簡稱總經理），被戲稱為反指標。好像只要跟董事長和總經理對作，炒股就能賺大錢。

我們先來看一下這位總經理的言論：2021 年 2 月 9 日「台股挑戰 2 萬點」，2021 年 5 月 4 日「台股高漲，已經出現泡沫化訊號」。就我看來，總經理就是大家喊漲的時候，他跟著喊漲；等股市開始下跌，他就跟著喊下跌。標準的隨波逐流，這樣算啥反指標呢？

如果你相信總經理是反指標，堅持跟他對作，那你的結果會是：

和總經理對作 1》

如果你在總經理 2021 年 2 月 9 日喊「台股挑戰 2 萬點」時放空台股，你將會從 2021 年 2 月 17 日的加權指數 1 萬 6,362 點，被軋到 2021 年 4 月 29 日的加權指數 1 萬 7,567 點，硬是賠了 1,205 點。

和總經理對作 2》

如果你在總經理 2021 年 5 月 4 日喊「台股高漲，已經出現泡沫化訊號」時做多台股，你將會從 2021 年 5 月 4 日的加權指數 1 萬 6,934 點，做多到 2021 年 7 月 15 日的加權指數 1 萬 8,034 點，硬是賺了 1,100 點。

兩次對作後，淨賠 105 點。以加權指數 1 萬 7,000 點計算，投資報酬率為負 0.62%，付完證交稅和手續費後，約會賠到 1%。

坦白說，我真不知道跟總經理對作，能賺到啥？紅塵來去一場空啊！

再來是董事長，他在 2020 年 6 月 10 日說「台灣準備擁抱初升段」，2020 年 6 月 12 日說「朋友買進合一

打敗疫情：一年賺一千四百萬的肥羊養股術

（4743）股票，結果 2 天賠掉 61 萬元」。

和董事長對作 1》

如果你在董事長 2020 年 6 月 10 日喊「台灣準備擁抱初升段」時，直接放空台股，你將會從 2020 年 6 月 10 日的加權指數 1 萬 1,720 點，被軋空到 2021 年 7 月 15 日的加權指數 1 萬 8,034 點，賠了 6,314 點，希望你還沒破產。冬天躺在龍山寺乞討，下雨時的刺骨寒冷，可是會讓你無法入睡的。

和董事長對作 2》

如果你在董事長 2020 年 6 月 12 日喊「朋友買進合一股票，結果 2 天賠掉 61 萬元」時堅持做多合一，你將會從 2020 年 6 月 12 日的收盤價 172.5 元，做多到 2020 年 7 月 9 日的收盤價 450 元，淨賺 277.5 元（＝ 450 元－ 172.5 元），獲得了 160%（＝ 277.5 元 ÷172.5 元 ×100%）的投資報酬率。

從這兩次的經驗可以知道，跟董事長對作的結果，不是大賺，就是大賠。不知道幸運女神，會賜與你什麼樣的結果呢？

這世上不存在每次炒股必賺的指標人物，也不存在每次炒股必賠的反指標人物。無論是幸運女神，或是帶衰男神，神級的人物根本就不可能存在於世上。

那為何股市裡面，還一堆人討論著哪位大師很準？哪位大師爛到爆，根本是反指標呢？這一切都是幻想。

散戶將自己想賺錢的心態投射到某位股市名師身上，因此成就出了每炒必賺的股市名師。實際上呢？這位股市名師只是不斷提自己賺錢的股票，完全不提自己賠錢的股票而已。

散戶將自己賠錢賭爛的心態，投射到某位股市名師身上，因此成就出了每炒必賠的股市名師。實際上呢？這位股市名師只是股票賠錢的時候，被散戶拿出來不斷檢視。但這位股市名師賺錢的股票呢？散戶則是完全無視。

「指標」或「反指標」都是假，一切全部是散戶自己的心態扭曲，所投射出來的幻想而已。如果你有這種說人是「指標」或「反指標」的習慣，良心建議你，該去做心理諮商了。

打敗疫情：一年賺一千四百萬的肥羊養股術

不輕易相信公司或股市名師言論

2021 年 8 月，《鏡週刊》〈【地雷股連環爆】陸企來台上市頻爆雷　杜康、VHQ 上萬投資人受重災〉的報導中提到，杜康 -DR（已下市）違約不願買回持股後，賠錢的投資人對杜康提出控訴，說「杜康竟然在 7 月底賴皮，表明不會履行收購 DR 的承諾。如果此例一開，每家公司都照杜康這樣，就都不用投資了。」

我覺得這些人真的很奇怪，如果他們覺得杜康賴皮，就應該上中國河南法院控告它，打國際官司。對著台灣的金管會大吼，是能夠改變什麼嗎？

如果寫張承諾書就能夠相信，那本肥羊也可以寫張承諾書給大家，「投資 100 萬元，5 年後可以領 200 萬元」。拜託大家趕快拿 100 萬元投資，我以後在加勒比海的悠閒時光，就全靠各位笨蛋了。

人只要從嘴裡說出來的話，沒有一句是能夠相信的。都幾歲的人了，講話還這麼幼稚，真該回幼兒園重讀的。真是年歲虛長，那麼多年都是白活的。你增加的肯定只有白

頭髮和體重，以及被騙的經驗，腦袋裡面整個都是空的。

2021 年 9 月，《中時新聞網》報導，〈頭條揭密〉恒大經營危機轉成金融風暴投資人揚言挖許家印祖墳〉裡提到，中國恒大集團要求員工，以及業務有往來的供貨與施工廠商，購買集團內恒大財富公司推出的理財商品。孰料之後恒大集團爆發經營危機，宣布停止兌付所有理財產品孳息與利潤。消息傳出後，投資人聚集在恒大總部抗議，揚言要挖許家印（中國恒大集團創辦人）祖墳。

詐騙集團會在乎自己的祖墳被挖嗎？在乎家族名聲的人，會當詐騙集團嗎？所謂的詐騙集團，就是一群人渣的集合。跟詐騙集團討論仁義道德，你是個白痴嗎？活該你被詐騙集團騙錢。你去中國恒大上班，不就是為了跟恒大領錢嗎？結果你借錢給恒大花，這智商還真的是很低落。

很多時候，不是詐騙集團技術高超，而是你自己腦袋有個大洞。本肥羊經常看到很多股市名師，談論起股票來，講得頭頭是道，要看對帳單呢？完全沒有。不然就是對帳單東遮西掩，非常害怕你看到他買哪幾檔股票。炒股而已，又不是什麼犯法的事情，對帳單那麼怕人看，說這種唬爛

打敗疫情：一年賺一千四百萬的肥羊養股術

大師不是詐騙集團，本肥羊絕對是不相信的。

　　如果你相信這種只出一張嘴的股市名師，我也不會阻止你，因為笨蛋是絕對不可能清醒的。熱心阻止笨蛋的愚蠢行為，只會讓自己成為被笨蛋追打的白痴而已。本肥羊不是白痴，所以絕對不會幹蠢事。各位也別熱心阻止自己的親友投資詐騙集團，小心被親友反咬。

　　笨蛋之所以是笨蛋，絕對不是單純智商低而已。而是因為他自認為很聰明，並且非常堅持自己錯誤的看法，單純智商低，可是沒資格當笨蛋的。

　　肥羊：「我看這疫苗快打場（快速新冠肺炎疫苗施打場）的桌子，擺設有點問題，這樣會對不到冷氣的吹風口，得稍微喬過來一點才行。」

　　小真：「我看你是嫌桌子歪才喬的，故意拿冷氣做藉口，你有強迫症嗎？」

　　肥羊：「你才有強迫症啦！」

　　小真：「其實我覺得你強迫症不嚴重，上次我看到一個人，

還堅持桌子必須對齊地上的線才行。」

肥羊：「說得很好，我立刻做。」

肥羊立刻挪動桌子，對齊地上的線。

幾天後……

小蝶：「小真都懷疑你有強迫症，你還故意在她面前把桌子對齊地上的線。現在可好了，她到處去宣傳，你是想讓所有人都懷疑你有強迫症嗎？」

肥羊：「嘴巴長在她身上，我哪管得了小真啊！」

小蝶：「我只想知道，你為何要故意在她面前，把桌子對齊地上的線？」

肥羊：「我的桌子，我自己調整；我有沒有強迫症，我自己清楚。我何必在乎別人說，我有強迫症呢？」

小蝶：「人言可畏，你都完全不怕別人誤會嗎？」

肥羊：「只有對自己沒信心的人，才會害怕別人誤會。為人處事，行得正，坐得直，又何必在乎別人批評？再說小真是什麼身分地位，區區一個護士，連精神病房都沒待過，她憑什麼診斷我是強迫症？愛誤會就去誤會，我從不和外行人爭辯的。」

打敗疫情：一年賺一千四百萬的肥羊養股術

狗這種動物，就是一定要吠的，你要如何阻止一條狗吠叫呢？不可能的事情。酸民這種東西，就是喜歡每天批評，你要如何阻止酸民批評呢？就算縫住他的嘴巴，他也會敲打鍵盤，繼續在網路抗議。

以前我出書的時候，很多人都說：「肥羊講話太過尖銳，才會引來一大堆黑粉批評。」大家都要我學習大俠武林，講話客客氣氣的，這樣才不容易得罪人。結果幾年後，大俠武林出書了，瞬間遭到所有股票社團公幹，變得比我還要黑。

酸民想要公幹你，就會公幹你，他管你講話是尖銳，還是客氣，酸民只是在找一個點打擊你而已。如果你會在乎酸民的想法，證明你也只是個腦殘。本肥羊做事從不管酸民怎麼想，也不管粉絲怎麼想，最重要的是，完全不在乎身為讀者的你怎麼想，這樣才夠資格叫做肥羊。

小雅：「我比任何人都懂金融，銀行是會倒閉的。」
小蝶：「安啦！只要妳房貸還沒繳清，繼續刷信用卡購物，

保險單每年都去付帳，銀行就有錢賺，不會倒閉的。」

　　小雅：「長期投資會賠錢，宏達電（2498）就是例子。」

　　小蝶：「那妳老公長期投資妳，賠了多少錢呢？」

　　小雅：「金融股不能存，買 ETF 才是真正的存股。」

　　小蝶：「那妳買了哪家 ETF 呢？長榮＋陽明＋萬海，貨櫃三雄 ETF 嗎？」

　　小雅：「買金融股的都是笨蛋，零利率會導致銀行獲利減少。」

　　小蝶：「妳知道那個只買金融股的笨蛋肥羊，2021 年炒股賺了 1,406.5 萬元嗎？倒是妳這位航運股天才，2021 年炒陽明賠多少錢呢？」

　　小雅：「現金股利就是左手換右手，妳賺個鳥毛啦！」

　　小蝶：「就靠這根鳥毛轉來轉去，一堆人炒金融股都賺大錢了。」

　　小雅：「富邦金（2881）投資中國很多錢，很危險，不能買。」

　　小蝶：「我不知道富邦金危不危險，我只知道有人 2020

打敗疫情：一年賺一千四百萬的肥羊養股術

年炒富邦金，放到 2021 年，賺了 100% 而已。」

小雅：「中信金（2891）養肥貓董事，股利永遠只有 1 元。」

小蝶：「不管妳再怎麼叫，也輪不到妳當中信金的肥貓董事，別忌妒了。台積電（2330）現金股利才 10 元，股價都能漲到 600 元；中信金現金股利 1 元，股價漲到 60 元很合理。」

每次都有這種對於股票的無意義爭辯，真不知道在吵啥？帶種就掏家產出來比，誰家產少，誰就是錯誤。既然你的股票理論比別人正確，那麼你的家產也應該比別人多啊！

像肥羊「那種不會炒股的笨蛋」，股票資產都可以從 2016 年的 1,500 萬元，增加到 2021 年 12 月 21 日的 4,368.8 萬元，且還沒計算房地產的價值和銀行現金。5 年內股票資產增加 191%（＝ 4,368.8 萬元 ÷1,500 萬元－ 1），以單利計算的話，大約每年增加 38.2%（＝ 191%÷5 年）的財產。當然這不完全是股票賺的，連工作薪水都有算下去。

連肥羊這種炒股白痴，每年財產都能增加 38.2%，各位炒股天才，肯定每年財產都是增加 50%，甚至 100% 的。客氣什麼，大力地用鈔票砸肥羊的臉，區區 4,368.8 萬元的股票資產，你沒把握超越嗎？不要因為肥羊是醫師，就怕了，堂堂炒股天才，不可以這麼沒自信啊！財產比人家少，嗆得比別人大聲，酸民真是窮到只剩一張嘴。

若年收入不高，不須煩惱股利所得稅

很多網紅常說，避免所得稅最好的做法是，「除權息前賣掉，除權息後買回」，這完全是大外行的講法。以我兒子而言，他 2019 年工作半年然後辭職，2020 年零工作收入，2020 年的現金股利收入是 69 萬元，可以退稅 4 萬 4,450 元，也就是說，政府每年補貼我兒子 4 萬 4,450 元來炒股票。

由於我兒子有個好老爸，所以他一出生就財務自由，連工作都不需要，直接辭職，每天跟隨我學炒股票就行了。希望各位也能當個好爸媽，讓孩子出生就能夠財務自由，不要只顧著自己爽爽花錢，丟下一堆負債和兩個老人給小孩繼承，小孩會怨恨你一輩子的。

再以我自己為例：2020 年總收入 257 萬元（含工作收入 189 萬元和現金股利 68 萬元），吃到 20% 稅率級距，繳納的總稅金為 19 萬 5,498 元，但股利可扣繳稅額為 5 萬 8,650 元，所以實際繳納稅金為 13 萬 6,848 元（＝19 萬 5,498 元－5 萬 8,650 元）。如果我今天不炒股，單純用工作收入的 189 萬元來報稅，吃到 12% 稅率級距，繳納的總稅金為 9 萬 600 元。

　　實際上，我因為領現金股利而增加的稅金為 4 萬 6,248 元（＝13 萬 6,848 元－9 萬 600 元），而我兒子的退稅金額為 4 萬 4,450 元，兩相抵銷後，因為炒股而繳的稅為 1,798 元（＝4 萬 6,248 元－4 萬 4,450 元），根本不痛不癢。

　　在這裡要特別強調的是，本肥羊是用總收入 257 萬元來報稅，如果你總收入沒有達到 257 萬元，建議你不用浪費時間，思考如何繳稅。如果你跟我兒子一樣，總收入只有 69 萬元，你甚至可以因為領現金股利而退稅。

　　常看到一堆年收入不到百萬的窮人，每天抱怨領現金股利要繳稅，這都是太看得起自己了。各位窮人，就憑你們

那幾十萬元的年薪，還沒有資格繳稅啊！

　　小美：「大家要買南六（6504）喔！我 150 元買進，現在都漲到 250 元了。」

　　小雅：「這該不會是假消息吧！南六有利多嗎？」

　　小美：「什麼假消息？這是真消息，看看新冠肺炎疫情多麼嚴重，口罩缺貨缺到凶啊！我敢誇口，南六 2020 年的 EPS，至少會有 20 元。」

　　小雅在 2020 年 7 月 28 日用收盤價 249.5 元買進南六後，南六果真上漲到 2020 年 8 月 6 日的收盤價 315 元。但好景不常，沒隔幾天南六的股價就反轉向下，崩潰到 2021 年 11 月 19 日的收盤價 114 元。在此期間，南六配發了 12 元的現金股利，還原權息為 126 元（＝ 114 元＋ 12 元），小雅損失 123.5 元（＝ 126 元－ 249.5 元），虧損 49.5%（＝ -123.5 元 ÷249.5 元 ×100%）。

　　小雅：「小美，妳騙我，妳害我南六賠得好慘。」

　　小美：「我騙妳什麼？南六 2020 年 EPS 是 20.02 元，跟

打敗疫情：一年賺二千四百萬的肥羊養股術

我說的一樣啊！」

　　小雅：「妳騙我南六的股價會繼續上漲。」

　　小美：「我啥時說過南六的股價會繼續上漲？我是說南六從 150 元漲到 250 元，我啥時說過南六的股價會繼續上漲？妳是不是中文閱讀能力有問題啊！」

　　小雅：「那妳的南六呢？」

　　小美：「2020 年 8 月 5 日用 290 元的價格賣光了。」

　　小雅：「妳為什麼不說一聲？妳應該帶領粉絲賣南六的。」

　　小美：「帶領粉絲一起賣南六，這種行為叫做炒作股票，已經觸犯《證券交易法》，會被抓去關的。小姐，妳有法律常識嗎？」

　　小美說的話，有哪一句是假的嗎？沒有，全部都是事實。那麼小美說的是實話嗎？不對，全部是謊言。小美說的是事實，同時也是謊言。簡單的說，小美用事實來說謊。

聰明的說謊者會將謊言包裝在事實中

　　聰明的說謊者，通常會將謊言包裝在事實裡，也就是蓄

意誤導，而非瞎掰全新的故事。因為瞎掰故事太累，而且在重複述說故事時，容易出錯。所以他們會用事實來作為基礎，建構起自己的謊言，這樣就算有人想過來拆穿謊言，說謊者也能硬拗過去。

就好像小美用「南六從 150 元，漲到 250 元」這個事實，來建構起南六的股價會繼續上漲的謊言。最重要的是，小美沒有說過南六的股價會繼續上漲，那單純都是粉絲自己的幻想。扭曲性的事實，誤導性的謊言，似真似假，無從分辨，這就是說謊的最高藝術。

小雅受騙後，非常不爽，開始去抓小美的交易紀錄，發現小美和一位投顧用類似的手法操作同一檔股票，坑殺粉絲，立刻向金管會檢舉。檢察官帶著警察，把小美和投顧抓走。當天晚上，小美被釋放出來，在臉書發表澄清文章。

小美：「想不到我小美，會成為《我們與惡的距離》的女主角。今天調查局來到我家，嚇壞了我丈夫和小孩。我很快地交出手機和筆電，也下載了成交明細，主動交給調

打敗疫情：一年賺一千四百萬的肥羊養股術

查局。原來這一切，都跟我在 X 年 X 月 X 日盤中放空標的有關。因為我跟他們（指坑殺散戶的投顧，後來用 300 萬元交保，官司目前還在審理中）做了同樣標的，但最大的不同是我『前一天沒有庫存』，我只是用先賣再買的方式當沖。因為理解那些投顧的出貨模式，我才放空，但這有被軋的風險。我完全不認識那些投顧，更不可能在同一個群組，所以我就被請回了。一直以來，小美都跟粉絲講，要小心投顧老師喊的股票，不要去追他們喊的股票，以免當了韭菜而被收割。各位多多研究標的籌碼，就可以了解我的操作模式。各位粉絲別擔心，小美是不可能出貨給各位的！也謝謝群組裡雪片般的問候訊息，大家千萬要小心投顧老師喊的股票，我先來吃豬腳麵線了！」

光看投顧老師的節目，小美就有能力和他們對作，這麼神，小美是天才嗎？再說每個投顧的炒股手法都不一樣，細節操作更是最高機密，小美有可能知道嗎？如果看看股票的籌碼分析，就能理解投顧的操作模式，每個台灣人都能靠和投顧對作發財，每個投顧都會被散戶對作到破產囉！這中間肯定有什麼細節，小美沒說清楚。

　　雞蛋再密，都會有縫隙，可能是投顧老師身旁的人，和小美認識，小美就跟著投顧一起炒作發財。小美厲害的不是籌碼分析能力，而是打探內線的本事。不管怎樣，小美被無保釋放都是事實，檢調認為小美沒有涉及內線交易，就是沒有涉及內線交易。但小美的人品如何呢？我們必須深深地打上一個問號。

　　很多人認為小美是壞人，也有人認為小美是好人。其實小美不是好人，也不是壞人，小美就只是小美，一個只想炒股發財的女人，一個只顧自己賺錢的女人而已。

　　「老僧 30 年前未參禪時，見山是山，見水是水。及至後來親見知識，有個入處，見山不是山，見水不是水。而今得個休歇處，依前見山只是山，見水只是水。大眾，這三般見解，是同是別？有人緇素得出，許汝親見老僧。」──《禪宗・指月錄》

　　這段話是指，老僧 30 年前未曾參禪時，見山就是山，見水就是水。待到後來，參禪悟道後，見山反不是山，見水也不是水。而今 30 年過去了，身心已老，該休歇時，依然見山只是山，見水只是水。諸位，這 3 段簡介，是相

同呢？還是有差別？如有人能分得出黑白來，請當面跟老僧說說，我可為他印證。

　　新聞是真是假，這很重要嗎？相信真正的新聞，可能會導致你賠錢；堅定地照著假新聞去做，卻會造成你賺錢。這樣還需要爭辯新聞的真假嗎？炒股的賺賠比較重要吧！新聞就是新聞，由記者依照他的認知，所寫出來的就是新聞。你認為一個年薪幾十萬元的記者，能有多少深謀遠慮呢？領多少錢，做多少事，別嫌了。出 10 元只能買到滷蛋，連「7-11 的所長茶葉蛋」（編按：1 顆 18 元）都買不起，想用 10 元買到帝王蟹的人，肯定是瘋了。

　　新聞就是新聞，不是真新聞，也不是假新聞，單純就是新聞而已。新聞不過是讓操盤手拿來參考，真正的決策還是要靠你自己。新聞是假，不能掩飾你炒股賠錢的失誤；新聞是真，也無法讓你炒股賺到錢。真真假假，就留給愚蠢的人去爭辯吧！我們只需要學會如何炒股賺到錢即可，誰在乎新聞的真假？肥羊族又不是笨蛋。

執行篇》實際進場買股 不透過儀式化行爲求心安

　　肥羊王率領大軍，包圍一點紅要塞，經過 26 日的激戰之後，城牆被投石器打到坑坑洞洞，大門甚至被衝車撞擊到出現裂縫。狼族士兵被強弩射殺倒下後，沒有預備兵力可以替補，連 6 歲小狼都必須手持弓箭，待在城牆上防守。眼看城牆即將被攻破，鎮東將軍炎狼用劍抵著一隻老狼，出城談判。

　　炎狼：「狼族軍法：『守城超過 30 日，才破城者，不予以任何處罰。』我現在守城已經 26 日，我懇求您退兵。4日後，我自動獻城投降。」

　　肥羊王：「你會怎樣，干我啥事啊？我今天就要攻破一點紅要塞。」

炎狼：「你最喜愛的狼媽媽死了，也跟你沒關係嗎？看清楚你眼前這隻狼是誰。」

肥羊王認真一看，那隻老狼果真是狼媽媽。

炎狼：「肥羊王，多年來，您一直以為狼媽媽早就死了，其實並沒有。就狼族而言，狼媽媽算是很長壽。因為您起兵造反的關係，狼媽媽這些年來，一直過得很不如意。現在是您把狼媽媽接回去，好好展現孝道，彌補多年虧欠的時候了。」

肥羊王：「退兵 4 日太久，我給你 12 小時，你帶全城的狼族士兵，回北方狼都吧。」

炎狼：「這樣我還是會被狼王懲罰啊！東方親衛隊不過是替您表演幾場行動劇，就直接以叛國罪處死。我陣前逃亡，肯定會被滿門抄斬。就退兵 4 日而已，很難嗎？」

肥羊王：「我怎知你會不會正在設計什麼陰謀？搞不好目前已經有一支狼族小隊，正在包抄我的後路，我不能冒這個險。頂多給你 12 小時撤退，這是最大的讓步。」

炎狼：「我現在被您包圍成這個樣子，能耍什麼陰謀？不過就是個又破又爛的一點紅要塞，您為何執著至此？難道這個一點紅要塞，比狼媽媽的命更重要嗎？肥羊王，一

點紅要塞永遠在這裡，今天不打，可以明天打。但狼媽媽今天如果死了，您以後就沒機會孝順了。樹欲靜而風不止，羊喝母乳，都還知道要跪下，『跪乳之恩』不是做羊的最基本道理嗎？」

肥羊王：「狼媽媽您還記得口令嗎？」

狼媽媽：「綿羊愛睡覺。」

肥羊王將青草放進嘴裡，搭起了弓箭，對準狼媽媽。

肥羊王：「狼媽媽，我再問一次，您確定口令真的是『綿羊愛睡覺』嗎？您會不會早就忘記口令？我可以給您一點提示。」

狼媽媽：「不需要任何提示，口令就是『綿羊愛睡覺』，我沒有老人痴呆，口令記得非常清楚。」

肥羊王放出了弓箭，貫穿狼媽媽的心臟，鎮東將軍炎狼也被肥羊族的士兵，用亂箭射成刺蝟。失去指揮官的一點紅要塞，放棄抵抗，直接開城投降。戰爭結束後，肥羊王親自收斂狼媽媽的屍體，並在墓碑刻上「永遵教誨」。

口令就是「綿羊愛吃草」，然後狼媽媽說成「綿羊愛睡覺」，經過肥羊王確認後，還是堅持說「綿羊愛睡覺」。那就是直接射殺啊！這不就是狼媽媽以前的教誨嗎？「一旦下達口令，就只能信任口令，不能相信任何人，就算親人都不能信任。」這些都是狼媽媽以往的教誨，射殺狼媽媽絕對沒有任何問題。

至於狼媽媽為何會回答出錯誤的口令呢？到底是狼媽媽想犧牲小我完成大我？或者活太久嫌膩了？還是老人痴呆太過嚴重？這都不是肥羊王應該知道的事情。

口令之下，沒有人情，直接射殺。屬下無須猜測長官下達命令的動機，凡事照做即可。做好你該做的事情，其餘的話不要多問，這就是身為下級的本分。

小蝶：「肥羊醫師，你覺得買哪檔股票比較好？」

肥羊：「國泰金（2882）不賴，中信金（2891）也不錯。」

小蝶：「我想買國泰金，那價位呢？」

肥羊：「就以今天的價格 58 元購買。趁現在還沒收盤，

打敗疫情：一年賺一千四百萬的肥羊養股術

快點買吧！」

小蝶：「有什麼要注意的嗎？」

肥羊：「賠錢跟我無關，賺錢要感恩我的大恩大德。」

小蝶：「你看這線型，你覺得國泰金之後股價會不會跌到 56 元？還是會漲上 60 元？」

肥羊：「我不知道。」

小蝶：「國泰金的基本面呢？明年還會賺很多錢嗎？」

肥羊：「我不知道。」

小蝶：「你推薦國泰金，卻不知道國泰金的線型和經營情況，這樣對嗎？」

肥羊：「我就是不知道。」

小蝶：「那你到底知道什麼？」

肥羊：「我只知道自己炒股 5 年，獲利 2,265.4 萬元而已。」

肥羊下達的命令很清楚，就是用今天的價格，購買國泰金。但小蝶一直問些有的沒的，她到底是想知道啥呢？

作為一個學生，你不需要問太多，你只需要知道，用今天的價格購買國泰金就可以了，剩下都是多餘的。

猶豫不決，往往導致投資人長期空手

常看到很多網紅，可以花幾千字，詳細描述一家公司。我經常在想，寫那麼多廢話做啥？買進或是賣出？就一句話而已。為啥要花幾千字來描述呢？非常難以理解。

也常看過很多人問我：「股票啥時可以買？」只要還沒收盤，我都會叫他今天立刻買，不要浪費時間。然後就會看到這些粉絲 3 個月後還再問：「股票啥時可以買？」到底是多大的投資金額，需要猶豫 3 個月，還不能決定？看他總資金也不過區區 50 萬元，到底是要評估多久呢？

投資金額如果沒有超過 100 萬元，實在是沒有必要思考，直接買下去就行了。連 100 萬元都不到的投資金額，都需要煩惱 3 個月，這種人肯定一輩子沒出息。

肥羊：「小孩 2 歲，流感疫苗要怎麼施打呢？」

小美：「要看他是不是第 1 次打流感疫苗？如果是第 1 次打針，1 個月後要再打第 2 次針。如果去年 1 歲時，已

打敗疫情：一年賺一千四百萬的肥羊養股術

經打過流感疫苗，那麼今年就只需要打 1 次針。」

肥羊：「謝謝指導，這玩意好複雜，我一直搞不清楚。」

小美：「我一直想問，肥羊醫師，你是怎麼考上醫學系的？我看你腦袋不好，也不太愛讀書，怎麼看都不像是醫學系。」

肥羊：「醫學系不是用看的，是用考的。看起來不像醫學系沒關係，考得上醫學系就好。」

小美：「只恨我當年愛玩，否則你這種程度都能考上醫學系，我沒理由考不上醫學系。我看你打新冠疫苗時，都有用聽診器，你有聽出哪個老人心臟有問題嗎？」

肥羊：「每個老人心臟都有問題啊！心臟沒問題還叫老人嗎？」

小美：「你都知道老人心臟有問題，還叫他去打針。」

肥羊：「不然咧！難道叫他不要打新冠疫苗嗎？」

小美：「反正不管老人心臟有沒有問題，你都會叫他打針，那你還用聽診器做啥？」

肥羊：「這叫做撫摸治療，用聽診器觸碰老人，可以讓他們的身心靈，獲得極大的救贖。聽診器能夠證明，本醫師治療過他。」

小美：「如果我穿上醫師服，戴上聽診器，看起來不就跟醫師沒兩樣了？」

肥羊:「正解。穿上醫師服,護士往往比醫師看起來更像醫師。」

小美:「那我們施打新冠疫苗,還要你幹嘛?來蓋章嗎?」

肥羊:「沒錯,蓋完這個章之後,我就可以向健保局討錢,這就是醫師存在的價值。」

小美:「護士做事,醫師蓋章領錢,這社會真不公平。」

在這個高科技的時代,滿街的電腦斷層、超音波和核磁共振。歷史超過 200 年的聽診器,基本上,已經沒有什麼用處了。大概就只能拿來聽聽氣喘和插鼻胃管,就連插氣管內管都沒用,為什麼醫師還要使用聽診器呢?就是要讓病人安心,覺得醫師有在治療他,這就是撫慰人心。

所謂的醫學,其實真正能夠治療的疾病非常有限,特別是那群躺在床上的老人。要說有什麼藥物,能夠治療這群臥床的老人?本肥羊是絕對不相信的。但我們可以給予這群老人關心、溫暖、親切,這是我們身為醫師,能夠賜與這群老人的一點溫柔。聽診器扮演了這個功能,讓老人感覺我們在治療他,而不是放棄他。

沒有人喜歡被放棄的感覺，特別是老人。使用聽診器就是一種「儀式化行為」，一種為了滿足心理的需要，而進行的一套個人化、重複進行、遵循一定模式、具有象徵意義的行為。但其實這個行為，只是單純象徵而已，並沒有任何實質上的幫助。

有時人在特定的環境下，會產生「儀式化行為」，這些行為可能有助於減輕壓力。比如一個人因為失戀的痛苦，為了回憶以前的愛人，會習慣性摸一下路邊的大樹，因為這棵大樹是兩人約見面的地點，這就是種「儀式化行為」。

整天盯盤、四處詢問意見，皆是儀式化行為

「儀式化行為」在股市是很常見的，比如說一個女人盯著盤看 4 個半小時，她覺得自己收穫滿滿，但實際上連一張股票都沒有買賣，真不知道收穫在哪裡？一個男人看到股票大跌想要賣掉，他就到各大股票論壇去詢問意見。回答的人數很多，有人說買、有人說賣，他就挑一個自己喜歡的回答來採納，也就是賣掉。表面上看來，他是很客觀聽取別人的意見，但事實上，凡是要求他買進的意見，一律不予以採納，他只看自己能夠接受的「賣掉」回答而已。

既然不想聽買進派的意見，他又何必發問呢？自己賣掉不就好了。他主要是藉由支持賣掉意見的人，來建立起自己的信心，真正的答案，他自己心裡早就決定好了。各大論壇的回答者只是在替他背書，證明不是只有他自己決定賣掉，很多人也認為應該賣。

對他來說，到各大股票論壇發問，不過是一種「儀式化行為」，毫無任何用處可言。以後如果股票繼續下跌，因為他早賣掉了，所以他非常的英明神武；如果股票逆轉大漲，那全都是各大股票論壇的錯。這些壞人騙他要賣掉，自己則是遭到各大股票論壇操縱的可憐散戶。像這種裝可憐的笨蛋，賠錢絲毫不值得同情。

很多網紅喜歡分析股票線型和財報，這也是種「儀式化行為」，表演給粉絲看的。向粉絲證明，網紅真的有努力研究股票，不是靠丟銅板來猜測股市漲跌。但實際上，這些網紅的準確率呢？比丟銅板還不如，但粉絲們還是會支持這些網紅，即使這些網紅炒股連賠 7 年。網紅每天誇口自己最懂股票，卻沒從股票賺過半毛錢，只是不斷看空，然後賠錢。粉絲依舊支持這些網紅，因為這些網紅的努力，所有粉絲都看得到。網紅的努力，確實讓本肥羊自嘆不如，

如果每天看些無用的股票線型和財報，也算努力的話。

努力看空的網紅、每天討論崩盤的粉絲，他們雖然不斷看空，但彼此卻不敢放空，因為被大盤軋到害怕了。這種網紅和粉絲一起看空的動作，也是一種「儀式化行為」，只會看空，卻不敢放空，毫無意義的群體行為。

真要說最明顯的「儀式化行為」，就是酸民了。他們每天不停地攻擊其他人，炒股能力低落，不配當股市名師，希望這樣可以重挫別人的銳氣。大俠武林就遭到這種非常惡意的攻擊，夜以繼日，永不停歇。但實際上呢？大俠武林依舊炒股賺大錢，家裡鈔票堆積如山，最近還把事業擴展到房地產，每天日子都過得非常爽快。這些酸民對大俠武林造成了什麼樣的傷害呢？完全沒有。

「儀式化行為」是非常普遍的行為，例如宗教的拜拜，完全沒有任何效用，只剩下心安的功能，人們依舊不斷的去拜拜。每次災難發生後，政治人物也會表達心痛或是震怒，但做了什麼改革呢？完全沒有。「儀式化行為」就是讓人們看到自己有在做事，所謂的「今天努力挖洞，明天再努力埋洞，後天就可以向所有人炫耀，自己多麼認真地

在挖洞和埋洞。」

　　至於洞裡面到底放了什麼？不重要，反正我就是有在努力挖洞和埋洞。只要努力做事，就一定會有回報；大筆鈔票撒下去，就一定能看到成果，這就是普通人「努力必定會有回報」的愚蠢想法。但實際上，「努力是完全不會有回報的」，特別是搞錯方向的努力，單純只會讓你賠得更慘而已。

　　「只要每天不停地打電玩遊戲，你的遊戲角色，明天一定會比今天更強」，這是很多玩家的幻想，但即使只是個遊戲，這種幻想也無法實現。

　　有個遊戲叫做《天堂》，你如果死了，經驗值會下降，裝備也會掉滿地。很多人經常在《天堂》努力玩 1 個月，戰鬥力反而比先前下降。就連遊戲世界都無法達到「努力必定會有回報」，想在現實世界完成「努力必定會有回報」的夢想，只能說你的智商，比玩《天堂》的小學生還不如。

　　「帝問曰：『朕即位以來，造寺寫經，度僧不可勝紀，有何功德？』祖曰：『並無功德』。帝曰：『何以無功德？』

打敗疫情：**一年賺一千四百萬的肥羊養股術**

祖曰：『此但人天小果，有漏之因，如影隨形，雖有非實。』」——《五燈會元》

　　梁武帝和達摩祖師見面，梁武帝問達摩：「朕自從當上皇帝以來，建造了很多的寺廟，也叫人抄寫了不少佛經，供養的僧侶不計其數，請問我現在累積了多少功德？」達摩回答：「完全沒有任何功德。」梁武帝非常吃驚，又問：「為什麼會沒有功德？」達摩回答：「這只不過是天人境界的一些小結果，而且還種下了不少禍患。就好像你抓住一個人的影子，看起來好像有抓到這個人，但其實完全沒有抓到，所以完全沒有任何功德。」

　　「儀式化行為」，單純就只是求心安而已，除此之外，一點用處都沒有。因此本肥羊不搞「儀式化行為」，所有的重點，我一次說完，多的時間我可以寫寫小說，談談哲學，就是不講股票。因為同樣的話，我不說第 2 次。

　　不搞訂閱文章，才能夠如此任性，要是搞訂閱文章，可就得每天寫很多沒意義的股票分析文章，來拍這群粉絲的馬屁了。「儀式化行為」實在太累人，本肥羊不搞這種愚蠢的行為，留給其他缺錢的股市名師搞。

決心篇》過度謹慎小心
恐錯失炒股賺錢的機會

　　榕樹橋要塞，鎮南將軍蒼狼，召開緊急軍事會議，所有高階將領齊聚一堂。

　　蒼狼：「一點紅要塞已經落入逆賊肥羊的手中，如果逆賊肥羊從後方切斷我們的補給線，山羊族再從正面攻擊，在場的各位將軍，沒有半隻狼能夠活著回到北方狼都。」

　　狼族將軍甲：「榕樹橋要塞已經陷入重重包圍，局勢非常危險。」

　　狼族將軍乙：「馬上動員所有的部隊，我們必須立刻撤退才行。」

　　蒼狼：「我已經向狼王正式提出撤退的要求，狼王表示，榕樹橋要塞乃是交通要道，絕不能撤退，必須死守到底。

如果榕樹橋要塞陷入包圍，牠絕對會派援軍過來，不可能讓各位孤單作戰。」

狼族將軍甲：「援軍在哪？一點紅要塞被逆賊肥羊包圍那麼久，可曾有過任何軍隊前往救援？狼族被逆賊肥羊打到元氣大傷，狼王不是不願意派遣援軍，而是根本沒有援軍可派。」

狼族將軍乙：「我不害怕戰死沙場，但我害怕被狼王的瞎指揮搞死。」

蒼狼：「我倒是有一條計謀，可以順利解決眼前的困境。但是這方法有點危險，不知各位是否願意配合？」

狼族將軍甲：「再危險，不會比陷入羊族的包圍危險。」

狼族將軍乙：「我們願意把自己的性命，交由蒼狼將軍任意指揮。」

蒼狼：「要先大破，才能大立。各位可有顛覆這世間一切的決心？」

狼族將軍甲：「自己活下去才重要，我不在乎世間的一切如何。」

狼族將軍乙：「見神殺神，見鬼殺鬼。要怪，只能怪狼王愛擋路。」

蒼狼：「放棄榕樹橋要塞，往北方前進，敵人就在北方

打敗疫情：**一年賺一千四百萬的肥羊養股術**

狼都。」

狼族將軍甲：「誓死跟隨蒼狼將軍，就算是王族，我也照砍。」

狼族將軍乙：「讓那個從沒打過仗的狼王，知道戰爭長什麼樣子。」

蒼狼：「骰子已經擲出了！部隊分成三路前進，在北方狼都會師。大家以後都是建國的大功臣，每位將軍賞賜一座牧場，祝各位武運昌隆。」

反對的就打下去啊！你管他到底是誰。你把對方當成長官尊敬，對方可曾把你當成屬下疼愛？該怎樣做，就怎樣做，不用在乎別人的感想如何，反正對方也沒在乎過你的感想如何。

主力也會坑殺主力，散戶不需跟著操作

我們常聽到很多散戶，喜歡追蹤主力和外資的動態。主力賣股票，他就跟著賣股票;外資買股票，他就跟著買股票。但為何不能跟主力和外資對作呢？主力賣股票，我們就對

著買股票;外資買股票,我們就對著賣股票。有人能告訴我,為啥要害怕主力和外資呢?不能坑殺主力和外資嗎?

在這裡,我們先介紹一下「虎尾幫」。嚴格說來,虎尾幫並不是一個組織,那只是幾個有錢人聚在虎尾炒股票,彼此之間不存在著任何合作關係。如果你家裡有點錢,你熱愛炒股票,你住在雲林縣虎尾鎮,你也可以對外宣稱自己就是「虎尾幫」。

我們把時間點拉到 2021 年 3 月 24 日,我們可以看到當天的富邦金(2881)賣出第 1 名是虎尾元富,共 1,600 張,以當天的收盤價 54.4 元計算,總價值為 8,704 萬元(= 54.4 元 × 1,600 張 × 每張 1,000 股)。一天之內就做出如此規模的交易,難怪虎尾幫能夠震驚天下。比較詭異的是,當天的富邦金買進第 12 名是虎尾元大,141 張,以當天的收盤價 54.4 元計算,總價值為 767 萬 400 元(= 54.4 元 × 141 張 × 每張 1,000 股)。兩個虎尾幫的,為了富邦金在對砍,全無任何合作關係可言。

我們繼續來分析虎尾元富,這個人家裡比較有錢,比較像真正的虎尾幫,虎尾元大那個人,可能只是剛好住在虎

打敗疫情:一年賺一千四百萬的肥羊養股術

尾而已。虎尾元富從 2021 年 2 月 23 日就開始炒作富邦金，至 2021 年 4 月 19 日結束，炒作的手法為，買進富邦金後，過 1、2 天就賣掉，持有富邦金的最長時間不過 7 個營業天，吻合虎尾幫喜歡隔日沖和短線操作的習慣性。

虎尾元富有關富邦金的操作手法如下：

第 1 波操作》2021 年 2 月 23 日開始買，均價 50.5 元；2021 年 2 月 25 日賣， 均價 51.7 元。累計操作數量 1,600 張，大約獲利 160 萬元。

第 2 波操作》2021 年 3 月 2 日開始買，均價為 52 元；2021 年 3 月 9 日賣，均價 53.7 元。累計操作數量 1,700 張，大約獲利 289 萬元。

第 3 波操作》2021 年 3 月 15 日開始買，均價為 55.5 元；2021 年 3 月 24 日賣，均價 54.4 元。累計操作數量 1,600 張，大約虧損 176 萬元。

第 4 波操作》2021 年 4 月 15 日開始買，均價為 60 元，2021 年 4 月 19 日賣，均價 61.8 元。累計操作數量 1,460

張，大約賺 262.8 萬元。

　　總計 4 波操作，調動資金約為 8,800 萬元，獲利 535.8 萬元，投資報酬率 6.09%（＝ 535.8 萬元 ÷8,800 萬元 ×100%）。之後還有幾波小規模的炒作，但只有 100 ～ 200 張，資金太少，不予以討論。以上所有張數和成交價格，均為本肥羊所猜測，並不精準，僅供參考而已。

　　表面上看起來，虎尾元富的獲利，好像還不錯。但如果他是從 2021 年 2 月 23 日，用收盤價 49.75 元，買進 1,750 張富邦金，放到 2021 年 11 月 16 日的收盤價 74 元，加計中間富邦金配發現金股利 3 元、股票股利 1 元，還原權息 84.4 元（＝ 74 元 ×（1 ＋股票股利 1 元 ÷ 面額 10 元）＋現金股利 3 元），價差 34.65 元（＝ 84.4 元 － 49.75 元），漲幅 69.65%（＝ 34.65 元 ÷49.75 元 ×100%），1,750 張富邦金可以獲利 6,063 萬 7,500 元（＝ 34.65 元 ×1,750 張 × 每張 1,000 股）。

　　若是虎尾元富買進富邦金後，躺著不動，就能賺 6,063 萬 7,500 元。但現實是，虎尾元富的實質利潤，卻只有

535.8 萬元。虎尾元富拼死命地進行隔日沖，獲利卻不到長期投資的 1/10，這樣算很厲害嗎？主力也沒啥大不了的，打趴主力就在今天。

再來，我們談論一個實際的問題，虎尾元富這樣死命地搞當日沖，都沒人注意到嗎？虎尾元大不就注意到虎尾元富了？其他的主力，難道會沒注意到虎尾元富嗎？當你注意到，有個主力在搞隔日沖時，你的第 1 個想法是什麼？跟隨虎尾元富嗎？這不過是散戶的思考邏輯，也是散戶永遠只配當散戶的原因。跟隨一個人能夠賺多少錢呢？主力要的是，更加龐大的利潤。所以主力會聯手弄虎尾元富，「坑殺」是主力的習性，主力不只坑殺散戶，主力也會坑殺主力。

我們看富邦金這檔股票，從 2021 年 2 月 23 日到 2021 年 11 月 16 日，漲幅 69.65%，夠資格稱為飆股。但在虎尾元富炒作富邦金這段期間，2021 年 2 月 23 日的收盤價 49.75 元，2021 年 4 月 19 日的收盤價 61.8 元，價差 12.05 元（ = 61.8 元 − 49.75 元 ），漲幅 24.22%（ = 12.05 元 ÷49.75 元 ×100% ）。這表示有 45.43 個百分點（ = 69.65% − 24.22% ）的漲幅，

是在虎尾元富放棄富邦金後，才出現。

這說明了什麼？虎尾元富被主力弄了，不只是虎尾元大在弄虎尾元富，還有其他的主力也在弄虎尾元富。大家一起聯手，弄到虎尾元富賣光光後，才把富邦金價格拉上去。

從虎尾元富的第 3 波操作，被主力聯手搞到虧損 176 萬元就可以看得出，這群聯合主力有多壞心。明明富邦金是一檔飆股，硬要軋到虎尾元富出場後，才肯拉抬股價上去。如果你跟隨虎尾元富這位主力炒股，你現在大概只能看著富邦金的股價捶心肝。

主力真的適合散戶跟隨嗎？看著外資和主力進出，來買賣股票，真的可以賺錢嗎？本肥羊深感懷疑。炒股還是要有自己的判斷，比較妥當。

2020 年 12 月，《蘋果日報》報導〈最慘內線！統一買賣星巴克股權 高層偷買股被套牢還被起訴〉裡提到，2017 年，在統一企業召開記者會宣布將賣掉上海星巴克的 1 個月前，就已經有 3 位公司內部人透過內線消息進場買股套利，結果「其中 1 人只賺 8 萬元，另 2 人進場後股

價就跌落，沒賣股，也沒賺到錢。」

從上面的新聞我們可以發現，擁有內線消息的人，炒股照樣賠錢。2017 年 6 月 7 日統一超（2912）的收盤價是 278.5 元，2017 年 8 月 22 日收盤價 248 元，現金股利 8 元，還原權息為 256 元（＝ 248 元＋現金股利 8元），倒賠 22.5 元（＝ 256 元－ 278.5 元）。

可見得擁有內線消息也沒用，「聯合主力（註 1）」想坑殺你，就坑殺你，管你啥內線外線的。聯合主力一直拖到 2017 年 11 月 28 日，才把收盤價拉高到 289.5 元，還原權息為 297.5 元（＝ 289.5 元＋現金股利 8 元）。

我們可以看到聯合主力是多麼的壞心，不管你是主力，還是擁有內線消息的人，聯合主力想坑殺你，就是坑殺你。就算聯合主力當真想拉抬這檔股票，他也一定要等到你賣光光後，才拉高價格，聯合主力超級壞的。

本肥羊之所以在 2021 年 3 月 24 日買進富邦金 139 張，主要是因為那一天，富邦金正式宣布和日盛金合併。雖然大家都說：「兩家金控的合併消息，早在正式宣布之前，

就已經走漏。」但本肥羊不這麼認為，我先前實際問過幾個日盛金的員工，他們都說：「董事長不可能答應和富邦金合併。」因此，本肥羊做出富邦金不可能和日盛金合併的結論，當然，這結論是錯誤的。但本肥羊自認為消息打探得十分到位，就算是主力的情報蒐集能力，也不會比我強。我都弄錯了，主力肯定也會跟著錯，那麼在合併消息宣布時，買進富邦金，應該還是來得及。

另外，我還有聽證券經理說過：「虎尾有人在炒作富邦金。」金融股的股價是如此躺平，竟然會有人在炒作富邦金，那麼如果炒作富邦金的不止一個人，這不就是傳說中的抬轎時分嗎？此時上轎，正好可以賺一波短線投機。

我回想起 2010 年買進的中華電（2412），從 60 元漲到 106 元，為我帶來 400 萬元的財富。不知為啥，我總覺得這波的富邦金，感覺很像 2010 年的中華電。理由我

打敗疫情：一年賺一千四百萬的肥羊養股術

註1：「聯合主力」是一群主力的集合，類似虎尾幫的各個成員，彼此之間毫無合作關係，甚至會互相陷害對方。雖名為聯合主力，但彼此之間只有極為短暫的同盟，何時翻臉都不知道？如同虎尾元大和虎尾元富，為了富邦金，兩個虎尾人對作，完全不顧同鄉情誼，搞不好兩人還互相認識對方。「人親戚，錢生命」，想要錢，就得拿親戚的性命來賺。

說不上來，但我就是有這種感覺。

　　如果以一個賭盤來講，就是這波賭富邦金，輸了不會賠多少錢，贏了會跟中華電一樣大賺錢。既然這樣，當然是給它壓下去啊！我認為 2021 年 3 月 24 日是買進富邦金的最後機會，一旦錯過了，將不會再有如此良機。我就一口氣敲進富邦金 139 張，買進價 54.8 元，花費 762 萬元。再加上先前擁有的 62 張富邦金，總計 201 張，總投資金額 1,026 萬元，平均成本 51.2 元。

　　這些股票我後來陸陸續續賣光，最後一筆交易為 2021 年 5 月 11 日，成交價 77 元。富邦金為我帶來了 403 萬元的利潤，和 2010 年炒作中華電的獲利差不多，買到飆股就是爽（富邦金之後已陸續買回，至 2021 年 12 月 21 日，擁有 63 張富邦金）。

　　肥羊：「跟你說，我今天直接敲進富邦金 139 張，進了證券交易所公告，是富邦金主力進出榜的買進第 12 名。」
　　小真：「不過是仗著自己錢多而已，這有啥了不起？」

肥羊：「妳不是一直吵著，要我帶妳炒股嗎？現在我買進富邦金，妳也可以跟著買。」

小真：「才不要咧！富邦金已經從 2021 年 1 月 4 日的收盤價 46.25 元，上漲到 2021 年 3 月 24 日的 54.4 元，股價已經上漲 8.15 元，漲幅 17.6%（＝ 8.15 元 ÷46.25 元 ×100%）。漲勢過高，54.4 元買進，會有賠錢的風險。」

肥羊：「能有啥風險？頂多套牢 20 年啊。只要富邦金不倒，哪來的風險啊？」

小真：「那是因為你當醫師，錢太多，耗得起 20 年。像我們這種護士，就憑那一點微薄的薪水，哪撐得了 20 年的歲月？」

肥羊：「有差嗎？我是單薪家庭，妳是雙薪家庭。妳和老公湊在一起，薪水就超過 150 萬元，和我差不多了。我看妳還買日本長野進口的麝香葡萄，一串 400 元，分享給整個診所吃，感覺家產很撐得起。」

小真：「那叫做享受人生，你懂嗎？誰像你一樣，每天只想炒股發財，連 500 元的玫瑰花，都捨不得買給老婆。」

肥羊：「把錢省下來，才能拿錢炒股，再賺更多的錢啊！」

小真：「然後死掉，幾千萬財產全部算兒子的嗎？」

肥羊：「當我兒子算他好命，一出生就財務自由，每天

跟我學炒股就好，也不用出去外面工作。」

小真：「寵兒不孝啊！再說你今天買 54.8 元，現在收盤價 54.4 元，現買現賠 0.4 元，139 張就是賠 5 萬 5,600 元（＝ 0.4 元 ×139 張 × 每張 1,000 股）。」

肥羊：「妳還沒算上手續費和稅金，絕對不止賠 5 萬 5,600 元。不過，沒關係，本肥羊有的是錢。」

小真：「你有錢，我沒錢，我賠不起 5 萬 5,600 元。」

肥羊：「妳昨天去換 4 顆汽車輪胎加上定期保養，就花 5 萬元了。還有妳上星期新買的 LV 皮包，依據我目測，應該有 5 萬元，也許是 10 萬元。我看妳根本不敢說出價格來，就知道絕對不便宜。」

小真：「要說幾次，你才聽得懂人話啊！這叫做享受人生，懂嗎？守財奴，死後跟你的鈔票一起下葬吧。」

肥羊：「鈔票會貶值，我比較喜歡股票。我已經跟禮儀社講好，客製化國泰金（2882）、中信金（2891），和富邦金的股票燒給我，不勞妳費心。」

小真：「你這次買進富邦金，大幅墊高了成本。你富邦金原本只有 62 張，成本 43.25 元。在 2021 年 3 月 24 日以 54.8 元敲進富邦金 139 張之後，成本瞬間拉抬到 51.2 元。整個成本墊高 7.95 元（＝ 51.2 元－ 43.25 元），非常不智，

你應該等股價低一點再買富邦金的。」

　肥羊：「成本拉高會怎樣嗎？」

　小真：「會容易套牢，賠很多錢，你有沒有成本概念啊？」

　肥羊：「完全沒有。富邦金又沒有倒閉，為啥要害怕套牢賠錢呢？」

　小真：「你真的很難溝通耶！大家炒股都是要賺錢的，誰想賠錢呢？」

　肥羊：「我啊！肥羊流派買股票，就是為了賠錢。」

　小真：「真是夠變態的，繼續和你講下去，我一定會精神分裂。總有一天，你一定會後悔股票價格買得太高了。等別人炒股都賺錢，卻只有你，因為成本太高而賠錢，你就會後悔。」

　坦白說，我買完富邦金就後悔了。買太少，早知道應該跟銀行借錢去炒股，肯定會賺翻。今天我會講借錢炒富邦金這種話，單純是因為我富邦金賺了 403 萬元，所以我希望能夠跟銀行借錢炒股，讓獲利翻到 806 萬元。如果我今天炒富邦金賠了 403 萬元，我絕對不會說要跟銀行借錢炒股，因為這樣會讓我的虧損變成 806 萬元。

打敗疫情：一年賺一千四百萬的肥羊養股術

不要僅著眼於報酬率，實際獲利金額更重要

很多人常問我：「可不可以借錢炒股？」其實，只要你賠得起就行了。如果你預計炒這檔股票，可以賺 100 萬元，借錢炒股能夠讓你賺到 200 萬元。那麼，只要你賠得起200 萬元，你就可以去跟銀行借錢炒股。能不能借錢炒股？不是問我，而是要問你自己，有沒有這個膽識？

再次重申，本肥羊認為，只有在股市下跌超過 30% 時，才能借錢炒股。以大盤指數 1 萬 7,700 點為例，就是股市下跌到 1 萬 2,390 點（＝ 1 萬 7,700 點 ×（1 － 30%）），可以跟銀行借錢炒股。至於你借不借，不干我的事，也不用問我。

剛剛小真提到一件事情，就是成本過高。以本肥羊富邦金的原始成本 43.25 元，總數 62 張為例：2021 年 11 月 16 日，富邦金的收盤價 74 元，若加計富邦金 2021 年配發的現金股利 3 元、股票股利 1 元，還原權息 84.4 元（＝ 74 元 ×（1 ＋股票股利 1 元 ÷ 面額 10 元）＋現金股利 3 元），價差就是 41.15 元（＝ 84.4 元 － 43.25 元），漲幅 95.14%（＝ 41.15 元 ÷43.25 元

×100%），獲利 255 萬元（＝ 41.15 元 ×62 張 × 每張 1,000 股，四捨五入至萬元）。我大可拿著這個戰績，四處向人炫耀，自己投資報酬率幾近 100%，看盤眼光有多神準。

然而，由於我在 2021 年 3 月 24 日這天內買進富邦金 139 張，將平均成本拉抬到 51.2 元，總投資金額 1,026 萬元。最後富邦金全部賣出時，總獲利 403 萬元，投資報酬率 39.28%（＝ 403 萬元 ÷1,026 萬元 ×100%）。

可以看得出來，由於本肥羊在 2021 年 3 月 24 日這一天針對富邦金的股票操作，使得投資報酬率從 95.14%，下降到 39.28%，下跌 55.86 個百分點（＝ 95.14% － 39.28%）。但獲利金額卻從 255 萬元，上升到 403 萬元，增加 148 萬元（＝ 403 萬元－ 255 萬元）。投資報酬率的降低，讓本肥羊賺到了更多錢。

很常聽到散戶在討論投資報酬率多少，我實實在在地告訴各位：「你要的是投資報酬率？還是錢？」別跟我說兩者都要，你只能挑一個。如果你最後選投資報酬率，我只能説，你真是傻了。投資報酬率能當飯吃嗎？錢才能當飯

打敗疫情：一年賺一千四百萬的肥羊養股術

吃，如果本肥羊為了一個無意義的 95.14% 投資報酬率，而放棄 148 萬元，那我真的就是傻了。

其實很多的股票操作手法，都會降低投資報酬率。比如說：你一開始就擁有富邦金，你的成本很低，投資報酬率很高。當你看到富邦金漲了，你加碼，這會拉高你的成本。降低你的投資報酬率，但獲利卻會增加。這樣，你還需要在乎成本和投資報酬率嗎？

善於炒股的人，沒有很耀眼的投資報酬率，因為他會不斷買進股票，來拉高自己的成本，降低自己的投資報酬率；不善於炒股的人，有很耀眼的投資報酬率，因為他會不斷賣出股票，來降低自己的成本，提高自己的投資報酬率。投資報酬率愈高，往往意味著你愈不會炒股，才會連股票不斷上漲的趨勢，都看不懂。也意味著你害怕賠錢，沒有膽識，才會不敢加碼買進股票。超低的成本和超高的投資報酬率，充分見證了你的無能和膽小。

縮減開銷、過簡單生活，才能安度股票大跌

再來，我們談談小真的財力。她都有錢買日本長野進口

的麝香葡萄，更換新的汽車輪胎了，還有 LV 包包，說沒錢在股市裡面賠，本肥羊也實在是不相信。我來替小真，說出她的真心話，她覺得目前的薪水，不夠她享受人生。

假設小真年收入 60 萬元，那麼她的年開銷大約是 80 萬元，還得存個 30 萬元私房錢，所以她每年都必須以家庭開銷為藉口，跟老公魯 50 萬元。雖然可以跟老公拿錢來花，但拿人手短，老公臉色肯定不太好看。所以她想要自己賺自己花，但護士的薪水就擺在那裡，想加薪，除非等她考上醫學系。工作賺錢這條路絕不可行，她才會想從股市賺錢。

如果小真能夠從股市裡面賺到 100 萬元，她就可以拿 50 萬元來花錢享受，50 萬元加碼投資股市，再賺更多的錢。把年開銷從 80 萬元，一口氣上調到 130 萬元，當然該跟老公魯的 50 萬元，一塊錢也不能少拿。

只要炒股能夠賺錢，小真就能去埃及，騎著駱駝欣賞金字塔。也可以把那輛老舊 Toyota，換成新的 Lexus，再買些日本青森蘋果，別忘了目前很流行的有機飲食料理，生活就該如此奢華。可惜當護士賺的錢，根本不夠小真奢華。

如果小真炒股賠了 100 萬元，那麼她的奢華貴婦夢，將會整個被敲醒。第 1 個要面對的，就是那臉色超級難看的老公，平時討個 50 萬元就很困難了，還要加碼討 100 萬元，這可不是一哭二鬧三上吊就能解決的，只能想辦法從生活費壓縮了。

但小真可是吃慣日本長野進口的麝香葡萄，怎麼能夠吃台灣的巨峰葡萄呢？這口感差多少啊！小真炒股是為了提升自己的生活品質，怎麼可以因為炒股賠錢，來降低自己的生活品質？所以小真炒股只能賺，不能賠。小真不是賠不起錢，她是不能降低自己的生活品質啊！

我常教育粉絲，若你是為了改善生活品質來炒股，你可能得失望了。炒股往往會降低你的生活品質，特別是當你炒股賠錢時，一個無法接受貧困生活的人，一個每天只想享受人生的人，絕對無法撐住股票大跌時的打擊。縮減你的開銷，才是賺錢的捷徑；存 1 元，絕對比賺 1 元更加重要。

小美：「醫師，你看我的臉都是痘子，小美要變小醜了。」

肥羊：「妳就是打新冠疫苗時，防護衣穿太厚，身體鬱積太多熱氣，才會長出滿臉的痘子。下次打疫苗時，手套戴一層就好，不要戴 2 層，妳手套還用膠帶封住空隙，導致整隻手都在冒汗，身體也是。我現在就可以看到妳額頭上的汗珠，妳穿的衣服都濕透了，妳自己知道嗎？」

小美：「可是新冠肺炎疫情如此恐怖，我不這樣穿，不行啊！」

肥羊：「我們是來打新冠疫苗，又不是做快篩，接觸的都是低風險的普通老百姓，又不是高風險的新冠肺炎病人接觸者，妳這樣的防護裝備太過誇張了。」

小美：「可是防護裝備愈高級，我的性命就愈安全啊！」

肥羊：「真的嗎？妳知道妳臉上的痘子，其實就是傷口，妳有這麼多痘子，就意味著妳臉上整個都是傷口，只要這時妳接觸到新冠肺炎病人，病毒就會從妳的痘子傳進身體內。妳雖然有戴面罩，但是充其量只能擋住正面的飛沫攻擊，如果新冠肺炎病人從妳的側面咳嗽，妳將會感染新冠肺炎。」

小美：「看來只能穿最正式的白熊裝，做好全套抗疫準備了。」

肥羊：「這樣的話，妳將不只是臉上長痘子，而是全身起皮膚疹。」

小美：「皮膚疹而已，我不怕，我比較怕新冠肺炎。」

肥羊：「但我比較怕妳得皮膚疹，也許妳沒注意到，但妳左手腕的那個傷口，其實原本是一個皮膚疹，因為妳去抓皮膚疹，弄出一個傷口。自己說，妳左手腕的傷口存在多久？」

小美：「2 個星期了，傷口很淺，但一直都不會好。」

肥羊：「這就對了，由於妳防護衣穿太厚，導致傷口癒合狀況很差。等等妳去拿個手術刀來，本醫師親自替妳進行簡單的清創，否則傷口無法癒合。但最重要的是，妳別再穿那麼多層的防護裝備，降低一點妳的防疫規模。否則痘子愈來愈多，皮膚疹愈來愈厲害，傷口也始終無法癒合，妳將會導致蜂窩性組織炎，必須進開刀房，做最正式的清創手術。放任傷口不處理，只要超過 1 個月沒癒合，就有可能導致皮膚癌。皮膚疹不是小病，而是非常嚴重的大病，無論妳的嘴巴有多硬，但妳的身體就是吃不消這些防護裝備。妳以後穿上輕薄的防護衣打針就好，別再包得像個木乃伊了。」

小美：「為啥醫師你感覺上很怕皮膚疹和痘子，卻完全不怕新冠肺炎呢？」

肥羊：「台灣新冠肺炎死多少人呢？至 2021 年 11 月 16 日為止，總感染人數 1 萬 6,498 人，總死亡人數不過是 848

人。而台灣的蜂窩性組織炎人數呢？多到無法統計，看醫院的外科醫師每天都在做清創手術，就知道蜂窩性組織炎的比例有多高。你所認為的嚴重疾病，其實並不嚴重；你所認為的輕微疾病，往往比嚴重的疾病，還要嚴重許多。」

　　本肥羊常告誡粉絲，不要太過擔心一些新聞，你一直擔心富邦金會倒閉，做了很多的防備措施，結果就是看著富邦金的股價一路飆漲上去。你只能小心謹慎地繼續等富邦金股價跌回 50 元，希望你能夠活著看到那一天。就我看來，你應該是今生無望，只能期待來世了。

　　小心地分析公司的財報、仔細推敲富邦金有沒有問題，你的一切努力，最後只會得到「報應」而已。就像小美一樣，努力穿防護裝備，對抗新冠肺炎，最後起了痘子、皮膚疹、慢性傷口。

　　天之道是很殘酷的，股市之道更是血流成河。待在由散戶屍體，所堆積而成的股市大山，想找一個絕對安全的場所，你肯定是瘋了！對於股市的一切可能性，做好 99% 準

備，至於最後的 1% 危險性，就交給上天決定吧！你永遠無法將危險性降為零，坦然接受這 1% 的危險性，或者請你退出股市，膽小者根本不配炒股。

「備前則後寡，備後則前寡，備左則右寡，備右則左寡，無所不備，則無所不寡。寡者，備人者也。」──《孫子兵法》，第六篇，虛實

防備前面，則後面兵力不足，容易被敵人攻破。防備後面，則前面兵力不足，容易被敵人攻破。防備左方，則右方兵力不足，容易被敵人攻破。防備右方，則左方兵力不足，容易被敵人攻破。所有的地方都防備，則所有的地方都兵力不足，容易被敵人攻破。兵力之所以不足，全是因為浪費兵力去防禦，才會被敵人攻破啊！

《孫子兵法》這裡提到，過度的防禦，會導致自己容易被敵人攻破。防禦只需要適度即可，反正該被攻破，就會被攻破，你怎麼防禦都是沒用的。炒股也是一樣，公司該倒閉就會倒閉，自己該賠錢就會賠錢，很多風險都是不可控制的。試圖去控制這些不可控制的風險，你只會替自己增加更多的風險而已。

如果你放火燒敵人，風向卻突然逆轉；包圍敵人想讓對方渴死，卻天降大雨。只能請你說：「此天之亡我，非戰之罪也。」然後學項羽乖乖的自刎烏江吧！出來打仗總是會輸的，出來炒股總是會賠錢的，就請你坦然接受這一切損失，或者過度謹慎小心，然後錯失一切炒股賺錢的機會。

嘴砲篇》專注於投資
不要理睬旁人的酸言酸語

　　鎮南將軍蒼狼起兵造反，承諾只要願意跟隨他的將軍，每隻狼賞賜一座牧場。保皇派兵敗如山倒，很快就逼近北方狼都。狼王把所有家人叫來，準備送去鎮北將軍雪狼那兒，妻兒哭著要求狼王一起走。

　　狼王：「我現在逃走是很簡單的，就算要逃去國外也不難，但鎮北將軍雪狼並沒有表態支持我，從牠事發至今都沒有派兵過來幫忙就知道。我如果跟隨你們逃過去鎮北將軍雪狼那兒，啥時被綁起來賣掉，也不曉得。牠只答應會保護你們而已，沒說過要保護我，鎮西將軍砂狼也是一個樣。況且，就算我成功逃去國外，靠著帶走的財產成為大富翁又怎樣？我可是狼王耶！我無法忍受失去權勢，總有一天，

我會後悔自己為何不戰死在北方狼都？」

說完之後，狼王忍痛將妻兒送走，開始召集所有的保皇派軍隊，在北方狼都的郊外，與鎮南將軍蒼狼對峙。狼王稍微計算了一下，自己的軍隊數量，竟然比鎮南將軍蒼狼還要多，看來並非毫無勝算。

狼王：「各位將軍，你們以前在外面打仗，最害怕自己的功勞，遭到別人侵吞。我現在狼就在這裡，你們所有的英勇表現，我都用眼睛仔細看著，各位的功勞絕對不會遭到遺忘。任何狼只要努力戰鬥，都可以獲得豐厚的賞賜。」

鎮南將軍蒼狼派出南方親衛隊打頭陣，狼王就派出禁衛軍，兩軍一接觸，禁衛軍直接放下武器投降。其餘的保皇派也紛紛叛變，狼王被抓，判處死刑，蒼狼登基為王。

在押赴刑場的過程中，狼王感到口渴，就跟負責押送自己的禁衛軍統領討水喝，但禁衛軍統領也沒帶水，就拿個柿餅給狼王充數。

狼王：「吃柿餅會產生痰，對身體不好。」

禁衛軍統領：「你等等就要上斷頭台了，又何必浪費時間養生？」

狼王：「身懷大志的人，不到最後一刻，是絕不會放棄自己的信念。雖然蒼狼王已經取得北方狼都，但鎮北將軍雪狼和鎮西將軍砂狼，並未臣服。南方的山羊族，已經奪得榕樹橋要塞，與肥羊族、水羊族、蕃羊族，締結『四羊同盟』，由山羊族擔任盟主。用分裂的狼族，來對抗團結的羊族，絕無勝算。我願意替蒼狼王擔任使者，前去說服鎮北將軍雪狼和鎮西將軍砂狼。這裡有我思索3天3夜所寫成的萬言書，裡面清楚交代著狼族未來的戰略規畫，希望禁衛軍統領可以替我轉交給蒼狼王。」

禁衛軍統領拿著萬言書，和禁衛軍副統領一起去晉見蒼狼王，蒼狼王直接把萬言書扔進垃圾桶裡面。

禁衛軍統領：「蒼狼王，您不稍微看一下萬言書嗎？我覺得內容寫得還不錯。」

蒼狼王：「不過是狼羊對抗的陳舊戰略，他搞這招『狼羊對抗』很久了，搞到被滅國，還不知道修改戰略規畫，我也是很佩服他的愚蠢。嘴砲打得再好，死抱著無用的信念不放，完全沒任何新格局可言，活該被斬首示眾。」

禁衛軍統領：「蒼狼王教訓的極是。屬下另外還有一件事要匯報，許多『前狼王』的手下跟我抱怨，有將軍的領地被賞賜在第821號牧場，這可是鎮北將軍雪狼的領地，另一個將軍是第937號牧場，鎮西將軍砂狼的領地。我印象中，這兩位將軍還未向蒼狼王臣服。更扯的是，還有將軍被分封在水羊族的水羊城，山羊族的南方羊都，肥羊族的火山要塞，蕃羊族的聖山。我們要是能拿下這些地方，狼族早就統一天下了，不知蒼狼王是否需更改一下封地？」

蒼狼王：「狼族的牧場就這麼多啊！每一個將軍都要賞賜一座牧場，當然會賞賜到這些地方，想要領地不會自己去打嗎？」

禁衛軍統領：「蒼狼王目光深遠，屬下自嘆不如，還好我的封地是第624號牧場，還在狼族的控制之下，再次感謝蒼狼王的厚愛。」

蒼狼王：「你的第624號牧場，每年必須上繳2,000隻羊，我還會不定期派狼過去，查核牧場的羊隻數目及健康狀況，麻煩你用心經營了。」

禁衛軍統領：「第624號牧場還不到2萬隻羊，每年必須繳2,000隻羊，那我剩什麼？這樣的賞賜沒有意義啊！」

蒼狼王：「就是要你們這些將軍，好好用心經營牧場，

別把所有責任都丟給飼育員。就是因為你們這些將軍的忽視牧場，才會養出逆賊肥羊這種頭痛人物，人家都已經在規畫如何造反，你們還完全不知道。」

禁衛軍統領：「也就是說，我除了當將軍外，還得兼差當飼育員，這根本是貶職啊！我率領禁衛軍投降，立有大功，竟然遭到如此對待，這種賞賜實在是太過分了。我不相信還會有任何一隻狼，願意待在蒼狼王的手下當將軍。」

蒼狼王：「你不想當將軍的話，還有很多狼排隊想當將軍呢！不用太瞧得起自己，這位連逆賊肥羊都打不贏的禁衛軍統領。」

禁衛軍統領：「說的好像您自己能打贏逆賊肥羊似的，別忘了前任鎮南將軍，也就是您的父親，還被逆賊肥羊毒死在水羊城。副統領，我們走，等等回禁衛軍，召集所有將領一起開會。」

禁衛軍副統領：「我會回去禁衛軍的，但是大統領，您不用回去禁衛軍啊！」

禁衛軍副統領拔出了劍，從背後貫穿禁衛軍統領的身體，蒼狼王立刻晉升他為禁衛軍統領，兼領第 624 號牧場。

狼王很會畫唬爛，但還是滅國啊！這證明只會說大道理沒用，做得出實際績效才行。總是看到網路上一堆人很會炒股，投資報酬率都超過 50%，但這些股神有家產嗎？吹得一口好股票，家裡只剩下四面牆壁。這四面牆壁還是租來的房子，連房貸都繳不起。這群窮酸股神說自己多會炒股，本肥羊也是不信的。我從不跟任何人爭辯股市的道理，有本事大家掏家產出來比，很會辯論是能賺到錢嗎？

小蝶：「妳今年炒股賺多少？」

小美：「獲利 50 萬元，投資報酬率 50%。」

小蝶：「這麼神，那妳又何必在肥羊手下工作呢？」

小美：「妳腦袋有洞啦！賺 50 萬元能夠做啥？買輛車都不夠。」

小蝶：「可是妳 1 年就賺 50%，2 年賺 125%，4 年406%，8 年 2,463%，12 年就 12,900%。以妳的總資金 100 萬元計算，12 年後會變成 1 億 3,000 萬元，妳為啥還要待在肥羊手下工作？快點辭職吧！」

小美：「問題是我現在沒有 1 億 3,000 萬元，只有 100 萬元。而且妳的算法是把整個家產梭哈下去，妳知道這種

打敗疫情：一年賺一千四百萬的肥羊養股術

玩法，只需要一次閃失，就是全部家產歸零。然後妳要我12 年都沒有任何閃失，妳乾脆說 12 年都不會吃飯噎到，走路也不會跌倒，我頂多只能投入 1/4 的家產下去炒股。」

小蝶：「投資報酬率 50%，但只能投入 1/4 的家產下去，這樣實際投資報酬率只有 12.5%，妳要到啥時才能超越肥羊呢？還有，妳該不會總家產其實是 400 萬元，不是 100 萬元吧？」

小美：「妳知道肥羊年收入多少嗎？年薪將近 200 萬元，現金股利收入 170 萬元，更別提他今年炒股賺 1,406.5 萬元，請問我要怎麼超越那個根本不會炒股的肥羊？再說我總家產多少很重要嗎？沒有哪個正常人會把所有家產都丟進股市，除了肥羊那個白痴以外。」

小蝶：「所以妳至少要年賺 400 萬元，才能超越肥羊。」

小美：「不對，妳沒有考慮到肥羊還有 4,368.8 萬元的股票資產，和一棟透天屋？」

小蝶：「那就是要年收入 600 萬元，才有可能在 20 年內超越肥羊。」

小美：「我年薪才 50 萬元，我必須每年炒股賺 550 萬元，才有可能在 20 年內超越肥羊。我今年炒股才賺 50 萬元，還有 500 萬元的坑必須填滿。」

小蝶：「根本天方夜譚。簡單說，妳 20 年內都不可能超越肥羊，也許 40 年，甚至一輩子都做不到，要想贏過肥羊，真的只能在夢裡了。」

小美：「肥羊不是不會炒股，他是不想冒險，他光憑那個 4,368.8 萬元的家產，就是許多人奮鬥一輩子都無法達到的財富。他只需要每年躺著領現金股利，就可以把我打飛到好幾條街外。」

小蝶：「難道妳都想不出任何方法嗎？」

小美：「有，繼續待在肥羊的手下當護士。」

所有人都讚嘆短線投機很好賺，當真那麼好賺的話，到底有多少短線投機者，家產超越本肥羊呢？根本沒幾個啊！短線投機的高風險，注定了短線投機永遠只能是低獲利而已，因為你不敢投入整個家產下去賭。本金小，注定短線投機，永遠都是高風險，低利潤。

短線投機者多半不敢壓身家，注定獲利低

如果你搞短線投機，每次都投入所有家產，那麼只會有

2 種可能：第 1 種可能，你靠短線投機大富大貴，如此成功的你，肯定不屑出現在本肥羊的面前。第 2 種可能，你因為短線投機搞到大貧大賤，如此破產的你，只配在龍山寺乞討，根本不可能出現在本肥羊面前。因此，在本肥羊面前，不可能會有任何成功的短線投機者。

小真：「剛好有剩莫德納殘劑，也剛好這位病人也符合施打資格，我試著說服他很久，但他說不打就是不打，態度非常堅決。麻煩肥羊醫師，給這位病人開藥就好，不用打莫德納了。」

肥羊：「這次的莫德納，是台灣最好的疫苗了，外面還有人花 20 萬元去美國打莫德納，我算你免錢，你應該要打針啦！」

病人：「可是我看新聞，說打莫德納會死人。」

肥羊：「新聞每天都說中國會打過來，到底是哪一天打過來？新聞說的話，沒一句能聽啦！你應該要打莫德納。」

病人：「打莫德納真的不會出事嗎？」

肥羊：「想想一大堆沒路用的事情，雲林現在已經有出現新冠肺炎，就在你家附近而已。你現在不打針，以後得

新冠肺炎，到時就欲哭無眼淚，你應該要打莫德納。」

　病人：「好好好，我打莫德納。」

　肥羊：「小真，拿健保卡去掛號。」

　小真：「這些話我剛剛都說過，病人根本就不理睬。同樣的話，醫師說出來就是神諭，是金玉良言；護士說出來就是廢話，沒人要聽，這是多麼不公平的階級社會啊！」

　就算要打嘴砲，也得看階級身分，不是每個人打嘴砲，都會有人相信。像前任狼王打嘴砲，就沒狼願意理；蒼狼王打嘴砲，就一堆狼相信。你的身分地位，你過往的信用紀錄，決定了你嘴砲的威力。

　像很多人在網路上，嗆本肥羊不會炒股，但現實上呢？沒有人敢這樣對我說話。原因很簡單，有啥不滿，大家掏股票存摺出來講話。忘了帶股票存摺沒關係，手機掏出來，電子帳單清清楚楚，連帳都幫你算好了。想要在現實上嘴砲本肥羊，你只會被羞辱到當場哭出來而已。至於網路嗎？反正躲在螢幕後方，乞丐都可以自稱是炒股天才；懂點小畫家，隨便弄都是幾億元的對帳單。你就盡情地畫唬爛，

滿足你那微薄的自尊吧！但本肥羊賭你不敢當面跟我嗆聲。

　　什麼樣的身分地位，決定了你能說出什麼樣的言論，就像你不敢說老闆的指揮有問題。嘴砲無用，身分地位才有用，股市理論說得多好都是垃圾，實際炒股賺到錢再來談。

　　小蝶：「你知道小美今年炒股賺 50% 嗎？」

　　肥羊：「不錯。」

　　小蝶：「不錯，50% 的獲利，你竟然只說不錯，你該不會忌妒小美吧？」

　　肥羊：「我幹嘛忌妒一個 1 年炒股只賺 50 萬的人，我今年炒股都賺 1,406.5 萬元了。」

　　小蝶：「那是因為你本金大，如果你本金小，炒股未必會有小美的表現。」

　　肥羊：「可惜我就是本金大，隨便炒都賺贏小美。」

　　小蝶：「我想跟小美學習炒股。」

　　肥羊：「去啊！反正是你的錢，我不在乎。」

　　小蝶：「你不擔心粉絲被小美搶走嗎？」

　　肥羊：「搶啊！資本主義，公平競爭，我又不靠粉絲訂

閱文章吃飯，怕啥？」

　　小蝶：「如果小美像你一樣，本金有 4,368.8 萬元，2 年內就會家產破億元，正式成為主力了。」

　　肥羊：「要本金很簡單啊！拿房子抵押，跟銀行借 1,000 萬元，不就好了？」

　　小蝶：「萬一小美炒股賠錢，失去了房子，不就得去龍山寺乞討？」

　　肥羊：「反正小美炒股比我強，我炒股 23 年，勝率號稱 99%，賺了 2,723.4 萬元，只有宏碁（2353）賠過 20 萬元而已。光靠 12 歲時候的炒股幻想，賺得都比當醫師多了。小美既然比我強，那炒股勝率肯定是 100%，房子帶種的抵押下去，不用怕。」

　　小蝶：「炒股哪有勝率 100% 的？」

　　肥羊：「那小美就沒資格說比我強。」

　　在韓劇《魷魚遊戲》裡面，總獎金是 456 億韓元（以匯率 0.024 計算，約合新台幣 10 億 9,440 萬元）。不用扣 20% 的稅率、包吃包住、免參加費，聽起來好像很吸引人，但你會想參加魷魚遊戲嗎？不會，因為太危險了。你

打敗疫情：一年賺一千四百萬的肥羊養股術

不會想被槍枝掃射，也不會想掉下高台，更不想擔心睡覺時被謀殺。

　　獎金雖然誘人，但各位都不想參加，只有被逼到走投無路之人，才會願意參加魷魚遊戲。他們之所以選擇參加魷魚遊戲，是因為他們只能選擇參加，除此之外，沒有任何的方法。這不是選擇，因為這些人根本沒有選擇，這叫做強迫參加。

短線投機為零和遊戲，散戶往往被主力坑殺

　　在魷魚遊戲裡面，每個人的身價是 1 億韓元（以匯率 0.024 計算，約合新台幣 240 萬元）。如果是本肥羊去參加魷魚遊戲，我的身價是 4,368.8 萬元，卻被標價成 240 萬元，這根本虧本虧到死，所以本肥羊絕不可能玩魷魚遊戲。

　　但如果是龍山寺的流浪漢呢？他身無分文，卻被標價成 240 萬元，這根本是削翻了。所以窮人才會選擇參加魷魚遊戲，正常的有錢人不會參加魷魚遊戲，參加魷魚遊戲就證明了，你是一個窮人，一個眾人鄙視的窮人。

魷魚遊戲裡面，雖然有很多的小遊戲，但本質上就是把別人的 240 萬元搶過來，變成自己的。被淘汰的人愈多，獎金就愈高，魷魚遊戲本質上，就是個零和遊戲。總資金是固定的，剩下就是看大家怎麼分而已。無論你如何操作魷魚遊戲，總獎金都不可能增加；本質上，跟短線投機是一樣的。

就短線投機來說，無論你如何操作陽明（2609）、萬海（2615）和長榮（2603）這 3 家公司，股票價值基本上都是固定的，無法偏差太遙遠，你把價格拉得愈高，跌下來的威力就愈強。航海股的價格，無法偏離公司的基本面太遠，不管你多麼努力地吹捧，都不可能改變這個現實。

假設你拉高陽明股價，賺了 200 萬元，就意味著，有人會在陽明股價下跌時，賠 200 萬元。因為你 200 元賣掉的陽明，就是他 200 元買進的陽明；你 120 元買進的陽明，就是他現在看到陽明 120 元會哭泣的價格，只是你們兩人剛好買賣順序顛倒而已。

你所賺的每一分錢，都是別人的血汗錢，你賺多少，別人就會賠多少。就像魷魚遊戲一樣，靠別人死亡來發財，

打敗疫情：一年賺一千四百萬的肥羊養股術

短線投機賺的，絕對不會是良心錢。你沒看到對方賠錢，不表示對方沒有因為你而賠錢。

所謂的短線投機，其實就是把一家沒有任何獲利的公司，高高捧起，再讓價格重重落下。你靠著股票價差發財，就意味著有人因為股票價差破產，會參加這種短線投機遊戲的，本質上就是窮人，或者主力。

就像韓劇《魷魚遊戲》一樣，裡面參加遊戲的人，不是窮人，就是非常有錢的富豪。差別在於，魷魚遊戲的富豪除了某位老人以外，其他都只是來欣賞表演的，不參與魷魚遊戲。魷魚遊戲，本質上，算是公平的窮人遊戲。

但與魷魚遊戲不同的是，短線投機遊戲裡面，主力會參加遊戲，並且奪走大部分的獎金，所以短線投機是很不公平的窮人遊戲。搞短線投機的窮人，智商比參加魷魚遊戲的窮人還要低。

我們以宏達電（2498）為例，它在 2021 年 11 月 15 日的收盤價是 90.9 元，但這家公司自從 2013 年開始，已經連續虧損 8 年，只有 2018 年賺錢，然而這家公司在

2021 年 11 月 15 日的股價卻有 90.9 元，這價位比富邦
金還要高，但富邦金已經連續獲利 20 年了。

由此可以看出，宏達電的股價偏離基本面太過遙遠。
宏達電從 2021 年 1 月 28 日的收盤價 28 元，上漲
到 2021 年 11 月 15 日的收盤價 90.9 元，漲幅高達
225%。本肥羊預估，宏達電 2021 年和 2022 年將會繼
續虧損，繼續被短線投機客炒作，繼續坑慘一堆散戶。

把一家虧損的公司炒成這樣，讓很多人都發財了，但等
宏達電的價格再從 90.9 元跌回 28 元，肯定又會有很多的
人破產。事實上，以 2021 年 11 月 29 日宏達電的收盤
價 78 元來看，已經有很多人慘賠了。會參加這種短線投
機的人，肯定都是窮人，窮到想靠短線投機發財，就像韓
國人想靠魷魚遊戲發財一樣，貧窮蒙蔽了你的理智。

加密貨幣興起，小心投資與詐騙風險

事實上，真的有人搶搭《魷魚遊戲》的商機，推出加密
貨幣「魷魚幣」（SQUID），上線 3 天價格漲了 700 倍。
之後還有人推出 Squid Game 同名線上闖關遊戲，要求大

打敗疫情：**一年賺一千四百萬的肥羊養股術**

家要先買「魷魚幣」才能參加比賽。結果最後不光「魷魚幣」創辦人捲款落跑，盜取新台幣 5,800 萬元，Squid Game 線上闖關遊戲也沒有辦成，所有購買魷魚幣的人，全部都被坑了。

加密貨幣的交易歷史，可以從線上遊戲《天堂》發行的虛擬貨幣「天堂幣」說起，只要拿 300 元天堂幣，就能賣新台幣 1 元，許多玩《天堂》的人都發財了。還有人靠著當上城主，月入新台幣 30 萬元。當時我也花了新台幣幾萬元購買天堂幣，算是炒作天堂幣的幫兇。之後隨著其他線上遊戲不斷開發新的虛擬貨幣出來，天堂幣日漸沒落。如果你現在想靠玩《天堂》賺錢，肯定是瘋了。

加密貨幣的興起和遊戲虛擬貨幣類似，也是從比特幣、乙太幣開始，再到狗狗幣等，無數種類的加密貨幣，正逐漸被開發出來。也許有一天，你會看到本肥羊在販賣「肥羊幣」（SHEEP），1 枚肥羊幣可以換親筆簽名書，10 枚肥羊幣當面授課，100 枚肥羊幣直接通知你啥時買進賣出。輕鬆方便，零手續費，省營業稅，肥羊幣愛你喔！

就如同政府無力管控加密貨幣一樣，請問哪個加密貨

幣交易中心，能夠管控加密貨幣的發行？完全沒辦法。就好像「魷魚幣」出來以後，儘管加密貨幣幣價追蹤網站 CoinMarketCap 不斷發出警告，但仍有不少投資人買進「魷魚幣」，之後更因為「魷魚幣」創辦人捲款落跑而蒙受損失。雖然事後全球最大規模加密貨幣交易所幣安（Binance）宣布，將對此事展開調查。但調查之後，又能怎樣呢？詐騙集團不理你啦！

政府管控不了加密貨幣交易，加密貨幣交易所管控不了詐騙集團。鈔票還有辦法分辨真偽，加密貨幣要如何分辨是不是詐騙呢？有錢賺的地方，就有詐騙集團出沒。想搞加密貨幣賺錢，願你不會被詐騙集團弄到破產。

加密貨幣的市場就是這麼大，在各國政府正式承認加密貨幣之前，加密貨幣就只能拿來進行一些非法的黑市交易而已。目前全世界只有薩爾瓦多共和國承認比特幣，難道你會拿著比特幣，去薩爾瓦多共和國花用嗎？不可能的。

日益繁多的加密貨幣種類，層出不窮的加密貨幣詐騙，加密貨幣最後必然走向衰敗。但是，加密貨幣市場永遠都會在，就如同《天堂》一直都在，只是沒人在交易虛擬貨

幣天堂幣，他們跑去交易線上遊戲《星城 Online》推出的虛擬貨幣「星城幣」。

遊戲虛擬貨幣的需求是固定的，但人們可以換個遊戲虛擬貨幣進行交易，天堂幣如此、星城幣如此。加密貨幣也是一樣，你沒辦法要求人們，只能交易比特幣，不能交易肥羊幣。也許哪一天肥羊幣會成為全世界最火紅的商品，畢竟加密貨幣的技巧不難，只要一串數字和幾個符號，大家都可以輕鬆在家自行製造加密貨幣，人人製造加密貨幣的時代來臨。

2021 年 11 月，《看中國》報導的〈黃明志賣歌 中共管不了 1 天賺進 2500 萬〉裡提到，歌手黃明志因為製作「不可替代代幣」（NFT），並打造全新歌曲上架交易平台，1 天就獲利新台幣 2,500 萬元。

NFT 因為區塊鏈的技術而興起，擁有獨特性與不可分拆性，在藝術品、音樂和遊戲等方面很受歡迎，連美國前總統川普（Donald Trump）的老婆梅蘭妮亞（Melania Trump），都推出 NFT 作品 ——「梅蘭妮亞的願景（Melania's Vision）」。任何能以數位形式儲存在區塊鏈

的非同質物品，都可以作為 NFT，不管是圖像、照片、畫作、影片、球員卡、虛擬角色，甚至社群媒體上的推文，都能作為 NFT。近期最夯的，莫過於知名歌手周杰倫的 NFT——「Phanta Bear」，大賣特賣，但事後卻遭到經紀公司徹底切割，表示非周杰倫本人發行。

　　這就像我說的，全民製造加密貨幣時代正式來臨，只要你願意，任何人都可以把自己的大頭貼，上傳到 NFT 交易平台，來販賣賺錢。比特幣壟斷加密貨幣市場的時代，早就過去了。各式各樣的新款加密貨幣，正不斷挑戰比特幣的地位，這些新款加密貨幣，甚至還可以拿來購買東西，實用性更勝比特幣。

　　在加密貨幣如此不能保值的狀況下，台灣還是一大票的人跑去玩加密貨幣，這些人愛玩就讓他去玩，沒什麼好阻止的。就像韓劇中的魷魚遊戲一樣，你要阻止別人玩魷魚遊戲，那他身上背的債務，你要替他償還嗎？如果你沒有能力幫忙償還債務，你就沒資格要求別人不要玩魷魚遊戲，靜靜地在 VIP 室觀看這些玩家，拔河摔下高台吧！

　　短線投機者的各種花式死法，就是我們長期投資者最大

打敗疫情：一年賺一千四百萬的肥羊養股術

的快樂。如果這位短線投機者是你的親朋好友，那就祈禱他能成為最後的優勝者。1/456 的機率雖然小，但並不是0，你要有信心（註1）。最重要的是，別借錢給你的親朋好友，一毛錢都別借，否則你也會被他一起拖下地獄。就如同韓劇《魷魚遊戲》中那個大流氓，被自己始亂終棄的女人抱住，然後活活摔死。

　　小真：「很感謝你先前推薦國泰金（2882），我買了20張，賺不少錢。」

　　肥羊：「知道感恩，就去買30本書來報答我。」

　　小真：「可是國泰金股價一直漲，今天都漲到55元了（未除權息）。我好害怕，我每天晚上睡覺都會夢到國泰金崩盤，壓力超級大，還會睡不著。」

　　肥羊：「賠錢也壓力大，賺錢也壓力大，你們這些人是怎樣啊！嫌壓力大，可以先賣掉5%的國泰金數量，也就是1張。」

註1：韓劇《魷魚遊戲》共有456人參與，第1季節目結束後，只有1人獲勝，機率是1/456。

小真：「我已經賣了 1 張的國泰金，但壓力還是很大。」

肥羊：「那就再賣掉 1 張的國泰金數量。」

小真：「這樣不是違反標準型肥羊流派波浪理論嗎？股價又沒有上漲 5%，怎麼能夠賣掉 5% 的國泰金數量呢？」

肥羊：「妳就睡不著啊！不然該怎麼辦呢？就像有人是長期投資派，但老婆懷孕了，不賣掉股票湊錢，難道是要墮胎嗎？」

小真：「如果再賣掉 1 張股票，還是睡不著呢？」

肥羊：「繼續賣啊！賣到妳能睡得著為止，只要股票數量減少到一定程度，妳就一定會睡得著，甚至於，妳還會想把賣掉的股票買回來。」

小真很開心地賣了 10 張國泰金，終於能夠安心地睡覺。之後，國泰金股價繼續上漲，以 2021 年 11 月 15 日的收盤價 59.7 元計算，加計中間國泰金配發的現金股利 2.5 元，還原權息為 62.2 元（＝ 59.7 元＋ 2.5 元），這表示小真每 1 股少賺了 7.2 元（＝ 62.2 元－ 55 元），10 張就是損失 7 萬 2,000 元。

小真：「肥羊你怎麼教人炒股的？你叫我 55 元賣掉國泰金，看看現在股價多少，我損失了 1 個半月的薪水耶！每

次想到這裡，我晚上就會哭泣到睡不著。」

肥羊：「小姐，妳是因為睡不著，才賣國泰金的，不是因為國泰金漲不上去，才賣國泰金的。還有，妳好像很容易睡不著，是不是該去看精神科醫師了？」

小真：「你是教人炒股的老師耶！你應該教我如何才能賺到錢，我睡不睡得著，不關你的事。」

肥羊：「既然不關我的事，又何必向我抱怨晚上睡不著呢？我不只是教人炒股的老師，我還是治療疾病的醫師。治療妳的睡眠障礙，是我身為醫師的天職。」

小真：「因為幾個晚上睡不著，我就賣掉 10 張國泰金，損失了 7 萬 2,000 元，這筆交易真不划算。」

肥羊：「只要花 7 萬 2,000 元就能睡著，這筆交易真是太划算了。很多人花了幾百萬元，都還是睡不著。7 萬 2,000 元買一夜好眠，這筆交易太值得了。」

很多人都說，「存股，存股，放著不動就好了」。講是很簡單啦！但你做得到嗎？如果做不到，就賣一點股票吧。這雖然違背了長期投資的原則，但你心理素質太差，也是沒辦法的事情。總不能為了長期投資，搞到住精神病院。

沒有任何財富，能夠比身體健康重要。

而且賣掉股票之後，你才會了解自己所犯的錯誤，下次你才會知道檢討改進。否則你一直忍耐著想要賣股票的衝動，到最後你肯定會承受不了心理壓力，將所有的股票賣光光，犯下更嚴重的錯誤。這也是標準型肥羊派波浪理論的依據，「在股票價格上漲 5% 時，賣掉 5% 的股票」，這絕對不是為了賺錢，而是讓你自己心裡好過一點。當然，如果你已經練到不動如山的境界，標準型肥羊派波浪理論對你而言，就是多餘的，好好長期投資即可，不用賣任何 1 張股票。

你無法勸一個想賣股票的人，不賣股票，你只能勸他少賣一點；你無法勸一個睡不著覺的人，放開心胸，別想太多，你只能勸他去看精神科醫師而已。

「（蘇秦）將說楚王，路過洛陽，父母聞之，清宮除道，張樂設飲，郊迎三十里。妻側目而視，傾耳而聽。嫂蛇行匍伏，四拜自跪而謝。蘇秦曰：『嫂何前倨而後卑也？』嫂曰：『以季子之位尊而多金』。蘇秦曰：『嗟乎！貧窮則父母不子，富貴則親戚畏懼。人生世上，勢位富厚，蓋

打敗疫情：**一年賺一千四百萬的肥羊養股術**

可忽乎哉？』」──《戰國策》

　　蘇秦將去遊說楚王，路過洛陽，父母聽到消息，收拾房屋，打掃街道，設置音樂，準備酒席，到洛陽城外 30 里的郊野去迎接。妻子不敢正面看他，側着耳朵聽他說話。嫂子像蛇一樣在地上匍匐前進，跪拜 4 次謝罪。蘇秦問：「嫂子為什麼過去那麼趾高氣揚，而現在又如此卑躬屈膝呢？」嫂子回答說：「因為你地位尊貴，而且很有錢。」蘇秦嘆道：「唉！貧窮的時候，父母不把我當兒子看待，富貴的時候，連親戚也畏懼我。人活在世上，權勢地位和榮華富貴，難道是可以忽視的嗎？」

　　我們可以看到一代嘴砲王蘇秦，在年輕時只能飽受家人欺負，講的話完全沒人要聽；直到成功時，才得到家人的尊敬，隨便放個屁，家人都得再三嗅聞一番。同樣都是蘇秦，嘴砲功力不可能有所差別，為何嘴砲的威力前後會差距如此之大呢？單純就是身分地位不同而已。

　　永遠不用去理睬窮人的嘴砲和批評，因為他們根本不夠資格。眼光是要往上看的，不是往下看的，有空要多多聆聽老闆的教誨，不用去理睬下屬日復一日的牢騷。人只要

有錢，說啥都是對的，有錢人講話「一言九鼎」；人只要
貧窮，說啥都是錯的，窮人講話「一言九頂」，講一句話，
9 個人頂撞他。

　很多人問我：「都賺這麼多錢了，為何還不退休呢？」
我如果不當醫師，護士還會理睬我嗎？呼風喚雨的醫師不
當，退休回家，每天對著牆壁懺悔，我又不是腦殘了。富
貴與權勢是何等的重要，大丈夫怎麼能夠輕言放棄呢？

打敗疫情：一年賺一千四百萬的肥羊養股術

後記

不求於任何人的自由

　　肥羊族和山羊族組成一支聯合小隊，共同駐紮在最前線。幾名肥羊族士兵，雙手持 6 公尺的長矛，左前臂套著 60 公分的盾牌，在操練長矛法。

　　山羊族士兵：「你們怎麼都是往前刺啊！沒有其他變化嗎？另一名士兵更蠢了，把長矛直接放在別隻羊的肩膀上，一動也不動。現在是怎樣，你們當狼族都是笨蛋，蠢到朝著長矛衝過來送死嗎？」

　　肥羊族士兵：「有變化啊！長矛法第一式是正前方突刺，第九式是左前方 45 度突刺，第十八式是右前方 45 度突刺，每一式都有所不同，能適應各種戰爭情況。肥羊方陣強調整體的團隊合作，不是個別士兵的武勇，每個士兵都只保護自己的左邊，右邊則是由其他士兵來保護。」

　　山羊族士兵：「說了那麼多，其實就是往前刺嘛！我繞到右邊砍，你就直接掛了。只會拘泥於陣型，還指望右邊

的士兵來保護。等右邊的士兵死亡，你就跟著一起死吧。」

話一說完，山羊族士兵立刻演練一套山羊族劍法，揮、砍、劈、擋，劍光包覆了整個身體，動作非常地流暢優美。

幾天後……
肥羊族和山羊族的聯合小隊遭遇了狼族的奇襲，肥羊族立刻擺出長矛陣，狼族見正面的長矛威力驚人，繞到右邊進攻肥羊族。

肥羊族小隊長喊了一聲「收起」，所有士兵立刻舉起長矛朝向天空；小隊長喊了一聲「向右轉」，所有士兵立刻轉向右邊；小隊長喊了一聲「放下」，所有士兵立刻將長矛朝著狼族放下。狼族久攻不下，就改從四面八方包圍，小隊長立刻將隊形切換成圓陣。

狼族眼見圍攻肥羊族無法得手，就將目光轉到在旁邊看戲的山羊族，立刻拿著長劍轉向攻擊。山羊族耍著華麗的山羊族劍法迎戰，瞬間被狼族全滅，肥羊族安然撤退。

打仗不是來跳舞的，招式華麗沒啥用處，砍得死狼才有用。很多人都說我操作手法太過簡單，沒有出書的必要。操作手法簡單，為啥不能出書呢？你是會這個操作手法嗎？那你用這個操作手法賺多少錢呢？沒有吧！你還不就是在旁邊看戲，覺得這個技巧很簡單，但你實際上根本沒用過這個操作手法。

　　就像山羊族士兵，在譏笑肥羊族的長矛法很愚蠢一樣，他們沒有實際操練過長矛法，所以不會懂。6公尺的長矛，光是要揮動就很困難，不可能耍來耍去。他們甚至得把長矛，放在地上支撐，或者放在別隻羊的肩膀上，否則會重到舉不起來。由於武器笨重，自然沒有太多花招，只能專注於向前突刺而已。這種長矛法的奧義，要實際演練過一遍才會懂，你光是站在旁邊看戲，是能夠理解啥呢？

　　我們肥羊族的炒股手法，真的很簡單嗎？其實裡面有很多問題點的。比如說：「明天股價會下跌，我要如何叫你今天買股票，好讓你明天賠錢呢？我要如何向你解釋這道穩賠不賺的命令？又要如何讓你控制住明天會賠錢的恐懼呢？以及最重要的，如何讓你從嘴巴答應會買股票，變成實際上跑去買股票？」這種事情用言語來說，就只是一句

「別人恐懼，我貪婪。」但在實際執行上，可能得寫一整本書來讓你讀才行。

但讀完一本書，你就會冒著賠錢的危險，去買股票嗎？我不相信！可能得寫上十本、百本，甚至千本書，你才有可能行動。這時我們就得推薦勞改營的傳統做法，天天對著你廣播洗腦，不斷複誦，連吃飯時都得用肥羊金句來祈禱，「願神賜明天股票大跌，好讓我今天買股票可以賠錢。」萬遍、億遍、兆遍，永無止境地洗腦，洗腦到你認為崩盤不買，就對不起國家民族，不配活在人世為止。但即使已經洗腦到這種地步，你崩盤時可能還是不會買股票，洗腦之路漫長而又遙遠，本肥羊還需多加努力。

所有流派都強調極為複雜的炒股技巧，複雜到連書本都無法描述，必須用電腦和 App 來進行演算。只有肥羊族在教育極為簡單的炒股技巧，一種炒股手法，從幾十種方向來描述。這是為了讓你真正的了解股票，而不是每天嘴巴說了解肥羊炒股手法，但實際上完全不懂。

對於那些批評我們炒股手法很愚蠢的人，我們歡迎他們拿對帳單來打我的臉。本肥羊 2021 年炒股賺不多，1,406.5

萬元而已，投資報酬率 50.8%，總股票資產 4,368.8 萬元，
5 年（2016 年～ 2021 年）股票獲利為 2,265.4 萬元，5 年
投資報酬率為 151%。平均下來，「每年炒股獲利 453.1 萬
元，每年投資報酬率 30.2%（詳見下頁「肥羊 2021 年投資
績效」）。」

　　只要你的股票資產超過本肥羊，就算你贏。股票是用錢
下去炒的，不是用舌頭下去炒，你的股票理論再屬害，不
會比賺到錢屬害。本肥羊在此歡迎所有股市名師掏出對帳
單來互相比較，只要你贏了，我可以免費幫你做宣傳，絕
不食言。前提是你的對帳單不能遮遮掩掩，也不能資產
5,000 萬元，對帳單只拿出 500 萬元。對帳單必須清清楚楚，
時間、張數、金額都不能缺，歡迎大家前來挑戰，當然也
歡迎各位讀者的挑戰。

　　我今天寫《打敗疫情：1 年賺 1400 萬的肥羊養股術》這
本書，不是要告訴大家，肥羊流炒股術多麼艱深難懂，你
們一定得付錢訂閱文章，才能知道肥羊流派的最高奧義。
我只是要告訴各位，在採用最簡單的肥羊流炒股手法之後，
5 年內，總資產就可以翻 2.91 倍（＝ 4,368.8 萬元 ÷ 1,500
萬元），財產幾乎是翻了 3 倍。一切的數據，都會附上對

帳單（詳見自序中「股市肥羊的證券存摺」），證明我不是吹牛畫唬爛，也歡迎各位檢查帳是不是算錯了。

肥羊養股術系列的4本書（註1），每一本書都有附上對帳單，絕不是因為我2021年炒股大賺，才附上對帳單，打從第1本書《完整公開交易紀錄的肥羊養股術》開始，就一直都是附上對帳單的。完完整整，清清楚楚，絕不會有任何遮掩修改的地方。這是本肥羊的自信，也希望其他股市名師能夠拿得出這種自信。希望各位股市名師，不要聽到別人叫你貼對帳單，就嚇得到處罵人，還說這是你的隱私，別人不准看，要看對帳單，得先拿100萬元手續費出來。不過就是區區一份對帳單，想看幾遍，本肥羊就讓你看幾遍。身為股市名師，公開讓人檢視你的投資績效，這不是最基本的氣度嗎？

至於大家所關心的富邦金呢？由於炒股資金不足，我在2021年5月11日就已經全部出清了。主因有2個：第1，

打敗疫情：一年賺一千四百萬的肥羊養股術

註1：肥羊養股術系列的4本書分別是《完整公開交易紀錄的肥羊養股術》、《躺著賺1年400萬的肥羊養股術》、《崩盤照買的股市肥羊心理學》和《打敗疫情：1年賺1400萬的肥羊養股術》。

肥羊2021年投資績效

2021 年 1 月 4 日，本肥羊擁有：

1. **中信金**：1,269 張，以當天收盤價 19.55 元計算，價值 2,480.9 萬元（＝ 19.55 元 ×1,269 張 × 每張 1,000 股）。

2. **富邦金**：62 張，以當天收盤價 46.25 元計算，價值 286.8 萬元（＝ 46.25 元 ×62 張 × 每張 1,000 股）。

將上述 2 者相加可知，本肥羊在 2021 年 1 月 4 日時，股票總資產為 2,767.7 萬元（＝ 2,480.9 萬元＋ 286.8 萬元）。

而本肥羊在 2021 年主要操作的股票有 3 檔：中信金（2891）、國泰金（2882）和富邦金（2881）。

1. **中信金**：中信金 2021 年股價從 19.55 元（2021.01.04 收盤價）上漲至 25.65 元（2021.12.21 收盤價），加計中間中信金配發的現金股利 1.05 元，還原權息為 26.7 元（＝ 25.65 元＋ 1.05 元），上漲 7.15 元（＝ 26.7 元－ 19.55 元）。我有 1,000 張，經過我的直覺操作後獲利 825.8 萬元。

2. **國泰金**：國泰金成本 51.95 元，以 2021 年 12 月 21 日的收盤價 60.3 元計算，價差 8.35 元（＝ 60.3 元－ 51.95 元）。我有 221 張，經過我不斷買進後，獲利為 184.5 萬元（＝ 8.35 元 ×221 張 × 每張 1,000 股）。

3. **富邦金**：將富邦金全數出清，淨賺 403.1 萬元。之後又陸續買回 63 張，成本 75.9 元，以 2021 年 12 月 21 日的收盤價 74.8 元計算，獲利下修為 396.2 萬元。

將上述 3 者相加，合計 2021 年炒股獲利 1,406.5 萬元
（＝ 825.8 萬元＋ 184.5 萬元＋ 396.2 萬元），2021 年
的投資報酬率為 50.8%（＝ 1,406.5 萬元÷2,767.7 萬元
×100%）。

截至 2021 年 12 月 21 日，我還有：

1. **中信金**：1,000 張，以當天收盤價 25.65 元計算，價值
   2,565 萬元（＝ 25.65 元×1,000 張× 每張 1,000 股）。

2. **國泰金**：221 張，以當天收盤價 60.3 元計算，價值 1,332.6
   萬元（＝ 60.3 元×221 張× 每張 1,000 股）。

3. **富邦金**：63 張，以當天收盤價 74.8 元計算，價值 471.2
   萬元（＝ 74.8 元×63 張× 每張 1,000 股）。

將上述 3 者相加可知，本肥羊在 2021 年 11 月 15 日時，股
票總資產為 4,368.8 萬元（＝ 2,565 萬元＋ 1,332.6 萬元＋
471.2 萬元，尾數四捨五入，所以有 0.1 萬元的誤差）。

本肥羊從 1999 年開始炒股，自那時以來，股票總獲利為
2,723.4 萬元。如果只從 2016 年開始計算，5 年股票獲利
為 2,265.4 萬元。考量到 2016 年的總資產為 1,500 萬元，
5 年投資報酬率為 151%（＝ 2,265.4 萬元÷1,500 萬元
×100%），平均每年投資報酬率為 30.2%（＝ 151%÷5 年），
平均每年炒股獲利為 453.1 萬元（＝ 2,265.4 萬元÷5 年）。

打敗疫情：一年賺一千四百萬的肥羊養股術

富邦金股價漲太高，所以我換到價格比較低的國泰金，這樣比較穩。第2，我沒錢參加富邦金的現金增資。本肥羊雖然看起來很有錢，但我資金其實是很緊迫的。但我之後陸續買回，至2021年12月21日，已經擁有富邦金63張。

2022年預計還會每月買進1～2張富邦金，目標暫定為投資富邦金1,000萬元。如果我兒子結婚，可能明年就不買富邦金，畢竟買股票，不會比辦兒子婚禮重要。不用急著向本肥羊恭喜，我兒子明年結婚，只是我個人的幻想而已，連女朋友的影子都沒看到。中信金和國泰金暫時不買，也不賣，等現金股利下來，再買進中信金和國泰金。

很多人都勸我要花錢享受人生，問題是我沒有錢啊！錢根本不夠花，要怎麼享受呢？

我當時在2021年5月11日以77元的價格賣光富邦金，以2021年11月11日的收盤價74元計算，加計中間富邦金配發的現金股利3元、股票股利1元，還原權息為84.4元（＝74元×（1＋股票股利1元÷面額10元）＋現金股利3元），每一股價差7.4元（＝84.4元－77元），201張損失148.7萬元（＝7.4元×201張×每張1,000

股），但國泰金 2021 年炒股獲利 184.5 萬元，所以富邦金的損失，勉強還能打平。如果我只是賣掉富邦金，沒有買進國泰金，這損失可就很難計算了。

永遠不要以為股票價格只會漲到多少而已，高還可以更高，如果你能預知股票的高點，你肯定該住精神病院了。

但富邦金畢竟是台灣最大的 3 家銀行之一（富邦金、國泰金、中信金），只要買下富邦金、國泰金和中信金，就能「十分金融，有其六。」與其爭辯台灣哪家銀行比較好，不如直接壟斷整個台灣金融界。考慮到個人財力不足，我目前是以買下富邦金、國泰金、中信金為優先，如果日後還有第 4 家銀行抬頭，買下來就對了，目標是稱霸台灣金融界。

很多人常跟我說：「長期投資如果需要緊急用錢，該怎麼辦呢？」還能怎麼辦呢？當然是把股票賣掉啊！股票只是我們存放過多資金的地方，因為放在銀行也沒利息，所以要把錢放在股票，領現金股利，需要資金調度，就賣掉股票啊！所以我不贊成身邊放太多資金，我個人只有準備 30 萬元緊急資金，考量到彼此財力不同，我建議各位，緊

打敗疫情：一年賺一千四百萬的肥羊養股術

急資金放 10 萬元就可以，不夠的部分就賣掉股票，以後再慢慢買回來就好。就像我先賣掉富邦金應急，日後再買回富邦金繼續存是一樣的。別擔心價差的損失，肥羊流派炒股本來就是會賠錢的。

「鴻鵠高飛，一舉千里。羽翮已就，橫絕四海。橫絕四海，當可奈何？雖有矰繳，尚安所施？」——《鴻鵠歌》

天鵝飛向天空，一下就能飛數千里。羽翼已經豐滿了，可以四海翱翔。可以四海翱翔後，你是能夠拿牠怎樣呢？即使擁有銳利的弓箭，你又能做什麼呢？

這首詩描寫的是，一個人羽翼已成之後，誰都不可能對付他。寫詩的人是漢高祖劉邦，意思是皇帝都拿呂后這個女人沒辦法，劉邦所寵愛的戚夫人，妳就自己認命吧！我希望各位粉絲，都能像天鵝般，羽翼豐滿後，飛翔在天際，任何人都拿你沒辦法。

真正的財務自由，不是退休後回家等死，而是讓你可以去做自己想做的工作，就像我 10 年前辭掉急診醫師，改開診所一樣。既然本肥羊都已經財務自由，酸民批評的銳利

弓箭，也是完全拿我沒辦法的。這就是自由，真正的財務
自由，不求於任何人的自由。祝福各位，都能一起從無盡
的貧窮地獄中掙脫，早日開創屬於自己的人生，你真正想
要的人生。

打敗疫情：一年賺一千四百萬的肥羊養股術

國家圖書館出版品預行編目資料

打敗疫情：1年賺1400萬的肥羊養股術／翁建原著.
-- 一版. -- 臺北市：Smart智富文化，城邦文化事業
股份有限公司，2022.02
　　面；　公分
ISBN 978-626-95659-0-0（平裝）

1.CST：股票投資 2.CST：投資技術 3.CST：投資分析

563.53　　　　　　　　　　　　　　110022676

Smart 智富
打敗疫情：1年賺1400萬的肥羊養股術

作者	翁建原
企畫	周明欣

商周集團
榮譽發行人	金惟純
執行長	郭奕伶
總經理	朱紀中

Smart 智富
社長	林正峰（兼總編輯）
副總監	楊巧鈴
編輯	邱慧真、胡定豪、施茵曼、陳婕妤、陳婉庭、劉鈺雯
資深主任設計	張麗珍
封面設計	廖洲文
版面構成	林美玲、廖彥嘉

出版	Smart 智富
地址	104 台北市中山區民生東路二段 141 號 4 樓
網站	smart.businessweekly.com.tw
客戶服務專線	（02）2510-8888
客戶服務傳真	（02）2503-5868
發行	英屬蓋曼群島商家庭傳媒股份有限公司城邦分公司

製版印刷	科樂印刷事業股份有限公司
初版一刷	2022 年 2 月
初版二刷	2022 年 2 月
ISBN	978-626-95659-0-0

Smart 智富 讀者服務卡

《打敗疫情：1年賺1400萬的肥羊養股術》

為了提供您更優質的服務，《Smart 智富》會不定期提供您最新的出版訊息、優惠通知及活動消息。請您提起筆來，馬上填寫本回函！填寫完畢後，免貼郵票，請直接寄回本公司或傳真回覆。Smart 傳真專線：（02）2500-1956

1. 您若同意 Smart 智富透過電子郵件，提供最新的活動訊息與出版品介紹，請留下電子郵件信箱：

2. 您購買本書的地點為：☐超商，例：7-11、全家
☐連鎖書店，例：金石堂、誠品
☐網路書店，例：博客來、金石堂網路書店
☐量販店，例：家樂福、大潤發、愛買
☐一般書店

3. 您最常閱讀 Smart 智富哪一種出版品？
☐ Smart 智富月刊（每月 1 日出刊）　☐ Smart 叢書　☐ Smart DVD

4. 您有參加過 Smart 智富的實體活動課程嗎？　☐有參加　☐沒興趣　☐考慮中
或對課程活動有任何建議或需要改進事宜：

5. 您希望加強對何種投資理財工具做更深入的了解？
☐現股交易　☐當沖　☐期貨　☐權證　☐選擇權　☐房地產
☐海外基金　☐國內基金　☐其他：

6. 對本書內容、編排或其他產品、活動，有需要改善的事項，歡迎告訴我們，如希望 Smart 提供其他新的服務，也請讓我們知道：

您的基本資料：（請詳細填寫下列基本資料，本刊對個人資料均予保密，謝謝）

姓名：	性別：☐男 ☐女
出生年份：	聯絡電話：
通訊地址：	

從事產業：☐軍人　☐公教　☐農業　☐傳產業　☐科技業　☐服務業　☐自營商　☐家管

您也可以掃描右方 QR Code、回傳電子表單，提供您寶貴的意見。

想知道 Smart 智富各項課程最新消息，快加入 Smart 自學網 Line@。

● 填寫完畢後請沿著右側的虛線撕下。

104 台北市民生東路 2 段 141 號 4 樓

廣 告 回 函
台灣北區郵政管理局登記證
台北廣字第 000791 號
免 貼 郵 票

行銷部 收

●請沿著虛線對摺，謝謝。

書號：WBSI0109A1
書名：打敗疫情：1年賺1400萬的肥羊養股術